Stephan Baier

Welches Europa?

Überstaat oder
Rechtsgemeinschaft

Stephan Baier

Welches Europa?

Überstaat oder
Rechtsgemeinschaft

Eingeleitet von
Otto von Habsburg

Amalthea

in der F. A. Herbig Verlagsbuchhandlung GmbH,
Wien · München

Umschlaggestaltung: Wolfgang Heinzel, München
Herstellung und Satz: VerlagsService Dr. Helmut Neuberger
& Karl Schaumann GmbH, Heimstetten
Gesetzt aus der 11/15 Punkt Times Ten Roman
Druck und Binden: Wiener Verlag, Himberg bei Wien
Printed in Austria
ISBN 3-85002-455-5

Inhalt

Einleitung von Otto von Habsburg

In jüngster Zeit wird wieder viel von einer Krise der europäischen Institutionen gesprochen. Die unglaubliche Art, in der die Regierungen von vierzehn Mitgliedsstaaten der Europäischen Union auf Weisung interessierter Kreise sich gegen einen kleinen Staat verbunden haben und unter Bruch der Statuten versuchten, diesen zu zwingen, die demokratische Entscheidung der eigenen Bevölkerung außer Acht zu lassen, haben der europäischen Sache mächtig geschadet. Die meisten Menschen, auch Politiker und Publizisten, wissen gar nicht, wie sehr insbesondere in den Ländern Mittel- und Osteuropas die Misshandlung Österreichs dem Prestige der Europäischen Union abträglich ist. Nach Jahren des Fortschrittes, in denen Europa die Hoffnung für die Völker war, die seinerzeit unter dem sowjetischen und russischen Regime zu leiden hatten und sich großteils selbst befreiten, wird nunmehr diese Aussicht schwer beschädigt, vielleicht sogar zerstört.

Man kann in Lissabon und Paris nicht wissen, was sich in Skopje und Zagreb abspielt. Man hängt hier allzu sehr von den Behauptungen gewisser Massenmedien ab, die oft unter dem Einfluss wirtschaftlicher Interessen alles tun, um gewisse Völker zu diskriminieren beziehungsweise ihren Beitritt zur Europäischen Union entweder ganz zu verhindern oder für lange Zeit hinaus zu schieben. Was seinerzeit unter großen Persönlichkeiten wie Charles de Gaulle, Konrad Adenauer, Robert Schuman, Alcide de Gasperi und Franz Josef Strauß begann und schöne Hoffnungen erweckte, ist nunmehr für viele Völker fast ein Albtraum geworden.

Das hat den Fortschritt der Europäischen Union stark beeinträchtigt. Dazu kommen die verschiedenen Probleme innerhalb der Staaten, wie in Deutschland, Frankreich und Italien. Man hat auch wiederum von der Krise einer Idee gesprochen, aber darüber vergessen, dass es sich nicht um die Schwäche der Idee, sondern vor allem um eine schwache politische Garnitur und um strukturelle Probleme handelt.

Wer die Dinge so sieht, wie sie wirklich sind, weiß genau, dass wir heute in einer sich stürmisch verändernden Welt eine Krise der Institutionen haben. Diese waren vor fünfzig Jahren, als die Römischen Verträge unterzeichnet wurden, in den Mitgliedsstaaten wie in der Gemeinschaft durchaus auf der Höhe. Das hat sich inzwischen verändert. Die Europäische Union, die seinerzeit sechs Mitglieder hatte, ist auf fünfzehn angewachsen und muss, will sie sich nicht selbst aufgeben, demnächst auf zwanzig, ja noch mehr Partner zunehmen. In den Staaten funktioniert der Apparat unbefriedigend. Man spricht zwar viel von Demokratie, tatsächlich aber wird alles getan, um durch einen unberechtigten Perfektionismus, der nicht in die praktische Politik passt, die Rechte des Souveräns, also der Wähler zu Gunsten einer neuen Schicht von Feudalherren, den Partitokraten, zu verschieben. Immer mehr werden die vom Volk gewählten Mandatare durch Personen ersetzt, die durch eine von oben gelenkte angebliche Autorität ausgesucht werden. Die Demokratie, richtig verstanden als Vertretung des Volkes, aber nicht als ein sich selbst verewigender Apparat, ist durch das System des proportionellen Wahlrechtes und der starren Listen, ja in einigen Ländern durch die Ernennung der Kandidaten von oben oder deren Streichung von Listen, verfälscht worden. Die Bevölkerung hat nur zu oft keine Möglichkeit mehr, sich wirklich vertreten zu lassen.

Es kommt dazu, dass das System gewaltige Summen Geldes braucht, um weiter zu funktionieren. Das wird nicht nur durch die explosiv sich erweiternde Bürokratie gefordert – es gibt Länder in der Europäischen Union, in denen bereits 20 Prozent der Bevölkerung Beamte sind – es ist auch teuer, weil, unter dem Vorwand der Gerechtigkeit, man Elemente in das demokratische System einbringt, die deren Handlungsfähigkeit beeinträchtigen, wohl aber den Partitokraten dienen. Allzu wenige erkennen, dass wir bereits einen neuen Feudalismus haben, der so ziemlich alle Fehler des alten hat, aber wenige seiner früheren Tugenden beibehält. Daher kommt auch die immer schwächer werdende Qualität der politischen Mandatare. Trotz schöner Phrasen wird der Souverän entmachtet. Als es noch eine Persönlichkeitswahl gab, brauchte man meist wenig Geld, denn die Kandidaten waren gewöhnlich schon vor ihrer Aufstellung in ihrem Bezirk ein Begriff, während wir heute nur den einzigen herausgestellten Politiker, den Listenführer haben, der in weiten Gebieten wenig bekannt ist und daher mit den großen Kosten der Materialschlacht popularisiert werden muss.

So verschwindet der direkte Kontakt zwischen Wählern und Gewählten. Zwischen ihnen stehen die Propagandamaschinen. Das schädigt auch das Wissen der Mandatare, die ihre Wähler meist nicht mehr kennen. Dies geht in vielen Ländern bereits so weit, dass der Wahlkampf zur Schönheitskonkurrenz gemacht wird, wobei allerdings häufig die Schönheit fehlt. Das Bildplakat und meist auch die Schlagworte ersetzen immer mehr die politische Aussage zu den bestehenden Problemen, denen man so entgeht. Damit werden der Staat oder die größeren Gemeinschaften viel zu teuer; sie belasten die Steuerzahler weit mehr als berechtigt und entgehen der wirklichen politischen Aussage.

Dabei ist die Vorbedingung einer erfolgreichen Wirtschaft eine gute Politik. Wenige stellen sich die Frage, warum es gerade in Mittel- und Osteuropa in der zweiten Hälfte des 19. Jahrhunderts und im ersten Jahrzehnt des 20. Jahrhunderts gewaltige Fortschritte gegeben hat, sodass Infrastrukturen geschaffen wurden, die heute nach all den Stürmen immer noch zumindest teilweise bestehen. Sie sind Zeugen dafür, dass das wirtschaftliche Wachstum nicht so sehr von der Nationalökonomie abhängt, sondern von der Erkenntnis, dass die Vorbedingung jeden Fortschrittes die Erhaltung des Friedens ist.

So gesehen sind heute die Staaten und noch mehr die größeren Gemeinschaften gefordert. Man muss endlich erkennen, dass nur eine institutionelle Reform, das heißt ein neues echtes Grundgesetz und nicht das, was man heute fälschlich in manchen Ländern Verfassung nennt, notwendig ist, um den Fortschritt zu erreichen.

Das System der Herrschaft durch den Apparat und damit der nicht mehr handlungsfähigen Regierungen ist der sicherste Weg in die schwerste Bedrohung der echten Demokratie. Die Wähler stehen heute dem Moloch-Staat fassungslos gegenüber, in den Wahlen stimmt man nicht für jemand, sondern gegen einen anderen. Das kleinere Übel wird immer mehr zur Regel. Das gilt gleichermaßen für Europa wie für die Einzelstaaten.

Außerdem haben sich die Herrscher eine Sicherheit mit der »political correctness« geschaffen, also letztlich mit der Kontrolle der Gedanken und der Beschränkung des freien Wortes. In dieser stürmischen Zeit werden wohl nicht mehr, wie in anderen Systemen, die Menschen eingesperrt oder gar hingerichtet, sondern es wird häufig der Rufmord an die Stelle des Mordes gesetzt. Dieser ist aber heute mit den Mitteln, die zur Verfügung stehen, oft weit zerstörender als die sichtbare Gewalt. Es gibt heute keine Märtyrer mehr, sondern nur Personen, die man kriminalisiert, deren Ruf man zerstört und die dagegen so gut wie keine Abwehr haben.

Dazu kommt, dass wir in unruhigen Zeiten leben. Europa befindet sich mitten in einem Umbau, und mit der Erweiterung vor seiner größten Herausforderung. Mehr noch als bei den bisherigen Erweiterungen handelt es sich dabei um einen historischen Schritt, nämlich um den Versuch, die willkürliche und gewaltsame Teilung Europas endgültig zu überwinden. Doch nach der ersten Euphorie der Jahre 1989 bis 1991 ist auf beiden

Seiten bereits Ernüchterung eingekehrt. Innerhalb der Europäischen Union mehren sich die Stimmen, die die Kosten und Schwierigkeiten übertreiben, aber die Chancen und Vorteile der Erweiterung vergessen. Bei den Ländern, die beitreten wollen, macht sich bereits Enttäuschung über eine Europäische Union breit, die nur rechnet und immer neue Forderungen stellt.

Unseren Politikern ist viel zu wenig bewusst, dass die Osterweiterung vor allem die wichtigste Investition in den Frieden ist. Denn wenn die Erweiterung nicht rasch gelingt, wird Mitteleuropa von Chaos, Nationalitätenstreitigkeiten und einem ausufernden organisierten Verbrechen heimgesucht werden. Die Europäische Union ist eben mehr als eine Wirtschaftsunion. Sie ist eine Gemeinschaft des Friedens und des Rechtes. Beides gilt es nun – nach Jahrzehnten kommunistischer Unrechtsherrschaft – auf ganz Europa auszudehnen. Dies ist auch die Voraussetzung einer wirklichen europäischen Außenpolitik, die diesen Namen verdient.

Auf das alles und vieles andere weist das Buch hin, das Stephan Baier, ein Sachverständiger in Fragen der Europäischen Union, geschrieben hat. Er hat große praktische Erfahrungen auf diesem Gebiet, weil er im Europäischen Parlament arbeitete und heute dort als Journalist tätig ist. Dabei hat er stets seine Ideale hoch gehalten. Sein Denken wurzelt in einem festen philosophischen Fundament, er glaubt daher noch an etwas, ohne den klaren Blick für die Schwächen, die reformiert werden müssen, zu verlieren. Er spricht aus, was viele im Unterbewusstsein denken, die aber bereits so weit sind, dass sie sich nicht mehr trauen, den Weg vom Gedanken zum Wort zu finden.

In diesem Sinn ist gerade in einer Zeit, in der durch die Aggression gewisser Regierungen und internationaler Körperschaften gegen einen einzigen kleinen Staat die Krise noch offenbarer wurde, als sie es schon früher war, sein neues Buch von großem Interesse. Es ist ein Aufruf dafür, dass es an der Zeit ist, die Partitokratie durch eine echte, dem Volke nahe und vom Volke getragene Demokratie zu ersetzen. Von der Entscheidung auf diesem Gebiet wird die Zukunft abhängen. Hier wird ein Buch wie dasjenige von Stephan Baier jenen eine echte Unterstützung und schlagkräftige Argumente geben, die die Hoffnung auf Europa, auf unsere Kultur und auf die christliche Zivilisation Europas nicht aufgegeben haben.

Pöcking, im April 2000 Dr. Otto von Habsburg

Vorwort

Albert Einstein soll gesagt haben, wir lebten in einer Zeit der perfekten Mittel und der verworrenen Ziele. Mehr noch als der moderne Wissenschaftsbetrieb, der die Fragen nach dem Sinn (Warum?) und dem Sein (Was?) über der Frage nach der Methode (Wie?) vergessen zu haben scheint, mehr noch als eine Gesellschaft, die sich von Mode zu Mode, von Trend zu Trend schwingt, ohne einen Stil, eine Richtung, eine Identität zu entwickeln, erst recht jedoch mehr als die Wirtschaft in ihrem bald unübersichtlich gewordenen Treiben macht die Politik diesen Eindruck. In der Tat waren die äußeren Mittel der Politikführung wohl nie derart perfekt wie in unseren Tagen. Doch zugleich drängt sich der Verdacht auf, die Regierenden wüssten selbst nicht, wohin sie streben. Nun mag mancher Handelnde Politik grundsätzlich nicht zielgerichtet, sondern als bloßes Verwalten des Vorgefundenen verstehen. Fraglich ist aber, ob die vielfältigen Herausforderungen unserer Tage ohne Strategien und Konzepte, ohne eine politische und staatliche Vision bewältigt werden können.

Kein aufmerksamer Zeitzeuge wird leugnen, dass das vor einem Jahrzehnt beschworene »Ende der Geschichte« nicht eingetreten, der im Laufe der Jahrhunderte immer wieder geträumte Traum vom ewigen Frieden nicht in Erfüllung gegangen ist. Im Gegenteil: Durch den Zusammenbruch der kommunistischen Zwangsherrschaft in Mittel- und Osteuropa hat nicht nur die europäische, sondern die globale Politik eine ganz neue Dynamik ergriffen. Doch wo ist die Hand am Steuer der Weltpolitik? Wo ist die staatsmännische Gestalt, die den Weg in eine friedliche und sichere Zukunft weist? Anstelle von politischer Führung macht sich Ohnmacht bemerkbar, weil die Welt in immer neue Tragödien und Kriege schlittert, kürzlich im Kosovo, dann zum wiederholten Mal in Tschetschenien und in unüberschaubar gewordener Zahl in Afrika. Die Rufe nach internationalen Strafgerichtshöfen, nach einer auch auf Diktatoren anwendbaren und tatsächlich vollstreckbaren globalen Rechtsordnung werden lauter.

Wo sind die Zirkel, Klubs oder Tribünen, die Anstöße für eine breite gesellschaftliche Debatte geben würden? Der Fragen gäbe es genug, etwa über die Chancen und Grenzen der Gentechnik, der biologischen und chemischen Forschung, des Fortschritts in der Medizin und der Kommunikationstechnologie. Die weltweiten Probleme mit Armut, Hunger, Umweltzerstörung oder todbringenden Seuchen sind definiert, aber noch lange nicht einer Lösung zugeführt. Der strukturelle und finanzielle Aufwand, den die hochindustrialisierten Staaten ihnen widmen, ist gewaltig, jedoch mangelt es vielfach an Ideen. Mit gutem Grund hat Otto von Habsburg einmal gesagt, die wirklichen Probleme seien nicht mit Geld, sondern nur mit guten Ideen zu lösen.

Ganz zweifellos wirft der wissenschaftliche Fortschritt unserer Tage mehr Fragen auf, als die Politik beantworten kann. Es nimmt deshalb gar nicht wunder, dass Gesetzgebung und Regierung sich gegenüber der naturwissenschaftlich-technischen Entwicklung stets reaktiv verhalten. Doch auch dies ist in vielen Bereichen zu viel gesagt: Die Politik reagiert auf viele, längst gestellte Fragen überhaupt nicht, weil auch der gesellschaftliche Diskurs nicht oder nur in geschlossenen Zirkeln und Fachkreisen stattfindet. Zugleich hat sich die Gesellschaft jedoch tiefgreifend verändert. Daran hat die Wissenschaft ihren Anteil: Echte Fortschritte auf den Gebieten der Medizin, der Hygiene und der Lebensqualität haben unsere Lebenserwartung innerhalb von 150 Jahren nahezu verdoppelt. Dieser Prozess scheint, wenn man die moderne Gen- und Embryonalforschung betrachtet, noch nicht ans Ende gekommen zu sein. Trotz aller Beschwörung von Evolutionstheorien ist kaum ernsthaft darüber nachgedacht worden, welche psychologischen, mentalen, ethischen, demographischen und gesellschaftspolitischen Folgen es hat, dass der heutige Mensch im Durchschnitt doppelt so lange lebt wie seine Vorfahren durch mehr als zwei Millionen Jahre.

Die Technik hat zugleich unsere Lebensabläufe beschleunigt. Wo früher Briefe wochenlang unterwegs waren, setzen heute Telefaxe und E-mails den Faktor Zeit fast außer Kraft. Überschallflugzeuge bringen uns in kürzester Zeit an die entlegensten Orte der Welt. Satelliten im Weltraum senden uns Bilder von der anderen Seite der Erde ohne Zeitverlust ins Wohnzimmer. Informationen und ihre Zwillingsschwestern, die Desinformationen, finden im Internet weltweite, praktisch unkontrollierbare Verbreitung. Einerseits ist die Ungleichkeit zwischen den Menschen dadurch gewachsen: zwischen jenen, die in den entwickelten Ländern die vollen Leistungen der Medizin und der Technik genießen können und jenen, die in der sogenannten »Dritten Welt« (ein höchst diskriminierender und zugleich dummer Ausdruck) teilweise zu steinzeitlichen Bedingungen leben müssen; zwischen denen, die sich Überschallflugzeuge, Handys und Internet leisten können und den anderen, die ums tägliche Überleben ringend von den Segnungen der modernen Kommunikationstechnologie nicht einmal Kenntnis nehmen oder die mit der Entwicklung einfach nicht mehr Schritt halten können.

Mit diesen wachsenden Ungleichheiten geht aber eine andere Strömung einher: der Trend zu neuen Uniformierungen. Spüren wir nicht längst, wie sehr unser Denken, unser Reden, unser Handeln von den Massenmedien uniformiert wird? Die allabendlich via TV auf Millionen von quasi wehrlosen Menschen herniederprasselnde Flut von fast gleichen Game-Shows, Unterhaltungssendungen oder Indoktrinations-Veranstaltungen manipuliert das Bewusstsein stärker als jede Predigt von der Kanzel, jedes Buch, jedes Fürstendekret früherer Zeiten. Deshalb nun in einer Verweigerungshaltung die modernen Zeiten zu verdammen oder sich nach einer mythisierten, vermeintlich guten, alten Zeit zurückzusehnen, ist wenig zielführend. Entscheidend für das menschenwürdige Leben morgen und übermorgen wird sein, ob die aktuellen Strömungen in Wissenschaft und Gesellschaft einer kritischen Wertung, einer ethischen Einordnung oder zumindest einer weltanschaulichen Diskussion unterzogen werden, was bislang nur wenig der Fall ist.

Nicht minder jedoch trifft das für die Entwicklung der Staatlichkeit zu, in der wir leben. Auch in die staatliche Wirklichkeit ist eine Bewegung geraten, die die uns umgebende Ordnung in rasender Geschwindigkeit verändert. Die Formen und Prozesse, in denen dies vonstatten geht, sind hochkompliziert und vielschichtig. Staatliche Macht und Zuständigkeit wandelt sich heute eben nicht aufgrund von gewonnenen oder verlorenen Kriegen, sondern durch Verhandlungen, Verträge, Einsichten oder Entwicklungen. Kein Wunder, dass der politisch nur mäßig interessierte Zeitgenosse sich gelangweilt, überfordert oder schlicht desinteressiert abwendet. Keine demokratische Ordnung kann darüber hinwegtäuschen, dass Politik etwas mit Fachkompetenz, mit Wissen – und im günstigsten Fall auch etwas mit Talent – zu tun hat. Wissen aber die Scharen zeitgenössischer Politiker, die – unterstützt oder sanft gelenkt von noch größeren Scharen von Beamten und beäugt von den Vertretern der Medienwelt – in Parlamenten und Regierungen am Schicksal Europas mitwirken, in welcher Wirklichkeit wir leben? Entwickeln sie davon ausgehend eine Vision von der Zukunft? Haben sie Perspektiven für ein menschenwürdiges Leben in den kommenden Jahrzehnten?

Meine persönlichen Erfahrungen und Beobachtungen diesbezüglich sind – bei aller Bereitschaft zur Differenzierung – zumindest in einer Hinsicht überwiegend desillusionierend. Unserer Politik ist weitgehend die Kraft zur Vision abhanden gekommen: Nicht weil der gute Wille fehlen würde (was auch, aber selten der Fall ist); nicht weil das Hemd der Wiederwahl dem Gewählten näher liegt als der Rock der Vision (was schon häufiger auftritt); nicht weil das politische Geschäft es minderbemittelten, korrupten oder charakterlosen Persönlichkeiten besonders leicht machen würde (was durch die stetig wachsende Fülle der Vorurteile und durch Einzelfälle nicht wahrer wird). Die oben beschriebene Beschleunigung unserer Lebensabläufe betrifft Politiker in einem besonderen Maße. Auch wirklich intelligente und begabte Politiker hört man stöhnen, dass zu konzeptioneller Arbeit wegen der Fülle von Verpflichtungen keine Zeit mehr bliebe. Fast scheint es, als seien gerade diejenigen, die die weitreichendsten Entscheidungen zu treffen haben, auch die am meisten Überforderten.

Wenn etwa der »Europäische Rat«, der oft schlicht als EU-Gipfel bezeichnete Kreis der Staats- und Regierungschefs, innerhalb von zwei oder drei Tagen Weichenstellungen für die gesamte Europäische Union vornehmen soll, dann hängt vieles von der intellektuellen Frische, der psychischen Belastbarkeit und physischen Kraft der hochrangigen Sitzungsteilnehmer ab. Denn während die starken Männer der Union auf diesen Mammutsitzungen Berge versetzen (und das gelang bisher erstaunlich häufig), harren die nationalen Probleme und die parteipolitischen Sorgen einer Erledigung. Für eine eingehende Bestandsaufnahme des Erreichten oder Verfehlten, eine Analyse der anstehenden Probleme und die Entwicklung einer Strategie für die nächsten Jahre, bleibt den wenigsten Spitzenpolitikern noch Kapazität. So bleiben trotz perfekter Mittel die Ziele verworren, um nochmals auf Einsteins Zitat anzuspielen.

Dies ist vor allem deshalb Besorgnis erregend, weil sich Europa in einer fast schon atemberaubenden Geschwindigkeit entwickelt. Die unter dem Stichwort »Globalisierung« zusammengefassten internationalen Interdependenzen werden täglich gewichtiger; das Netz internationaler Verflechtungen wird unaufhörlich enger. Zugleich findet auf dem sogenannten alten Kontinent ein Prozess statt, der von den Historikern späterer Zeiten einmal mit Recht die Staatswerdung Europas genannt werden wird. Der Vertrag von Maastricht hat in vielen Mitgliedsstaaten der Europäischen Gemeinschaft einen Schock ausgelöst, weil schlaglichtartig offenbar wurde, wie weit die Integration Europas bereits fortgeschritten ist. In Österreich hat die aktuelle Boykott-Politik der Partner in der Europäischen Union dem Europa-Thema eine neue, bislang unbekannte Brisanz gegeben: Wer regiert uns eigentlich? Wie souverän sind die Österreicher noch im eigenen Land?

Europa hat sich verändert. Das Zeitalter der klassischen Nationalstaaten geht zur Neige und eine neue, kontinentale Ordnung greift Platz. Wieder können wir fragen: Wo ist die Hand am Steuer der europäischen Politik? Wo finden wir die Konzepte für den europäischen Staat von morgen? Was müssen wir bedenken, damit in diesem, sich mit großer Dynamik entwickelnden europäischen Gemeinwesen das Humanum nicht verloren geht, sondern menschenwürdige Existenz möglich bleibt? Diesen Fragen versucht das vorliegende Buch nachzuspüren.

Graz, Juni 2000 Stephan Baier

Neues Faustrecht in Europa

Gute Europäer, schlechte Europäer

Die belgische Hauptstadt Brüssel, als Sitz der Europäischen Kommission oft fälschlich als Hauptstadt Europas bezeichnet, ließ den österreichischen Botschafter von einem Empfang in der »Kulturhauptstadt Europas« einfach wieder ausladen, Belgiens Außenminister Louis Michel rief seine Landsleute zum – später widerrufenen – Urlaubsboykott gegen Österreich auf, Kandidaten aus der Alpenrepublik wurden benachteiligt, österreichische Schüler im Ausland beschimpft, Wiener Schulklassen ausgeladen und österreichische Sportler gezielt ausgegrenzt. Bei der Eröffnung der »Europäischen Beobachtungsstelle für Rassismus und Fremdenfeindlichkeit« in der Wiener Hofburg wurde die österreichische Bundesregierung nicht eingeladen, die Außenministerin sogar ausdrücklich ausgeladen, und, als sie doch erschien, einfach ignoriert. Europa am Ende des 19. oder am Anfang des 21. Jahrhunderts?

In Europa scheint das Faustrecht erneut Triumphe zu feiern. Prügelt Jörg Haider, der wohl nicht zuletzt unter dem Eindruck einer nahezu globalen Kampagne den FPÖ-Vorsitz an Vizekanzlerin Riess-Passer übergab und sich auf Kärnten zu konzentrieren gelobte, die Regierung in Brüssel oder den französischen Staatspräsidenten verbal, dann schlagen diese gegen irgendwelche Österreicher zurück. Mit der Rechtsordnung, die die Europäische Union mühsam aufbaute, hat dies überhaupt nichts zu tun. Im Gegenteil: Wenn Mitgliedsstaaten der Europäischen Union heute Österreicher diskriminieren, verstoßen sie damit gegen den von ihnen selbst unterzeichneten und ratifizierten Amsterdamer Vertrag. Dieser enthält nämlich eine »Nicht-Diskriminierungs-Klausel«: Kein Bürger der Union darf aufgrund seiner Staatsangehörigkeit, seines Geschlechtes, seiner Rasse, seiner ethnischen Herkunft, seiner Religion oder Weltanschauung etc. diskriminiert werden. Das bedeutet, dass die bereits sprichwörtlich gewordenen »Vierzehn« keinen Österreicher, keinen FPÖ-Wähler, ja nicht einmal Landeshauptmann Haider höchstselbst diskriminieren dürfen.

»Wir müssen europäisch vorgehen und über die Verträge wachen«, sagte Kommissionspräsident Romano Prodi zu Beginn des Streites um Österreich. Da kann man ihm nur zustimmen. Die EU-Kommission darf und soll mit der Lupe darauf achten, ob Österreich seine vertraglichen Verpflichtungen einhält, sie darf selbstverständlich auch einschreiten, wenn Österreich europäisches Recht verletzt. Bundeskanzler Schüssel hat dies bei seiner »Rede zur Lage der Nation« im Mai 2000 in der Wiener Hofburg sogar ausdrücklich gefordert, als er meinte, die Partnerstaaten Österreichs in der Europäischen Union sollten aufgrund der Beobachtungen der EU-Kommission über die Aussetzung der Sanktionen entscheiden. Auch auf die Wahrung der Menschenrechte in der Alpenrepublik darf Brüssel ein wachsames Auge haben. Aber es muss gleiches Recht für alle gelten: Wenn andere Mitgliedsstaaten die europäischen Rechte Österreichs und seiner Bürger verletzen, darf dies um Europas willen nicht toleriert werden! Wenn diplomatische und politische Wege aus dieser europäischen Krise nicht gangbar sind, muss Österreich vor dem Europäischen Gerichtshof in Luxemburg sein Recht erstreiten.

Denn europäisch, wie es Romano Prodi verlangt, gingen die bereits sprichwörtlich gewordenen »Vierzehn« keineswegs vor. Die Sanktionen wurden weder vom Europäischen Parlament beraten noch von der Kommission geprüft, sie wurden nicht einmal in einer Sitzung des Allgemeinen Rates (der Außenminister) oder des Europäischen Rates (der Staats- und Regierungschefs) beraten oder beschlossen. Es wäre deshalb abenteuerlich, die Maßnahmen, die vierzehn Regierungschefs im Alleingang beschlossen und verkündeten, als europäisches Vorgehen zu bezeichnen. Formal ist das Vorgehen uneuropäisch, weil keine einzige Institution der Europäischen Union konsultiert oder einbezogen wurde; inhaltlich, weil es nicht dem Geist der Kooperation, des Dialogs und des Miteinander entspricht, auf dem die Zusammenarbeit in der Europäischen Union ruht. Der neuen österreichischen Bundesregierung unter Kanzler Wolfgang Schüssel, einem überzeugten und den handelnden Personen ja durchaus bekannten Europäer, wurde weder eine Liste mit Vorwürfen oder Anklagen vorgelegt noch die Chance zur Stellungnahme oder Verteidigung gegeben. Das Vorgehen der »Vierzehn« widerspricht also auch allen rechtsstaatlichen Prinzipien.

Die Frage ist, ob die Sanktionen selbst – neben dem Geist – nicht auch dem Recht der Europäischen Union widersprechen. In Artikel 10 des EG-Vertrages in Amsterdamer Version (der dem Artikel 5 von Maastricht entspricht) heißt es: »Die Mitgliedsstaaten treffen alle geeigneten Maßnahmen allgemeiner oder besonderer Art zur Erfüllung der Verpflichtungen, die sich aus diesem Vertrag oder aus Handlungen der Organe der Gemeinschaft ergeben. Sie erleichtern dieser die Erfüllung ihrer Aufgabe. Sie unterlassen alle Maßnahmen, welche die Verwirklichung der Ziele dieses Vertrags gefährden könnten.« Mit anderen Worten: Die in der Europäischen Union zusammengefügten Nationalstaaten verpflichten sich, auch in ihrem nationalen Handeln europakonform zu agieren. Es scheint mir unbestreitbar, dass die gemeinschaftliche Dimension von der so genannten bilateralen, auf die sich die »Vierzehn« berufen, nicht eindeutig und messerscharf zu trennen ist, dass also die Europäische Union selbst durch den »bilateralen« Boykott Österreichs Schaden genommen, ja in die Krise geraten ist.

Solche außergewöhnlichen, geschichtlich völlig einmaligen Maßnahmen, wie sie Anfang Februar 2000 gegen Österreich in Kraft gesetzt wurden, sind deshalb allenfalls als Notstandsmaßnahme zu rechtfertigen. Aber gibt es ausreichende Indizien dafür, dass in der Alpenrepublik der Notstand erklärt werden muss? Droht Österreich, vom europäischen Kurs abzukommen oder gar den Kurs Europas insgesamt zu gefährden? Zunächst die Fakten: Gegen Österreich wurden in den ersten vier Jahren seiner Mitgliedschaft in der Europäischen Union fünf Klagen wegen Vertragsverletzung eingebracht, gegen Frankreich und Belgien – Wiens schärfste Kritiker in der Union – im selben Zeitraum 55 beziehungsweise 64. Die EU-Kommission rügte Österreich in diesen Jahren mit 78 begründeten Stellungnahmen und 321 Fristsetzungsschreiben, Frankreich dagegen mit 206 Stellungnahmen und 463 Fristsetzungsschreiben, Belgien mit 192 Stellungnahmen und 333 Fristsetzungen. Man muss sich mit solch langweiligen Zahlen nicht befassen – es sei denn, man hält Österreich für einen unzuverlässigen Partner in Europa und den heutigen Bundeskanzler Wolfgang Schüssel – der im fraglichen Zeitraum als Außenminister die Europa-Politik Österreichs koordinierte – für einen schlechten Europäer.

Aus Versuchen der Selbstberuhigung bürgerlicher Kreise entstand in Österreich das Gerücht, es handle sich bei den Sanktionen um eine sozialistische Verschwörung. Tatsächlich spielten sozialistische Politiker hier eine gewisse Rolle, insbesondere der Vorsitzende der Sozialistischen Internationale, Portugals Ministerpräsident António Manuel de Oliveira Guterres, der als Ratspräsident das Vorgehen koordinierte. Ebenso ist unbestreitbar, dass die herrschenden Sozialisten in Europa die parteipolitischen und ideologischen Profiteure dieser Aktion sind. Doch wären die Maßnahmen der »Vierzehn« gegen Österreich nur eine sozialistische Verschwörung gewesen, dann hätten sie keine Woche gehalten. Nur die eiserne Geschlossenheit der »Vierzehn« konnte sie darüber hinwegretten, dass ihr Vorgehen jeder europäischen Rechtsgrundlage entbehrt. Bei aller Kraft zur Differenzierung, die insbesondere die spanische, die italienische und die dänische Regierung entwickelten, ketteten sich doch die »Vierzehn« aneinander, womit den Hardlinern in Lissabon, Paris und Brüssel die Führung überlassen wurde.

Frankreichs Staatspräsident Jacques Chirac, sicher kein Sozialist, ist einer der Scharfmacher. Warum, darüber spekulieren die Experten. Ein französischer Historiker, der im Europäischen Parlament arbeitet, meinte, Chirac habe Österreich nie die Kritik an seinen Atombombenexperimenten auf Mururoa verziehen. Der eitle Herr im Elysée-Palast wolle sich für die damaligen Schmähungen rächen. Andere vermuten, er wolle so eine Führungsrolle unter Europas Staatsmännern erringen. Außerdem würde das Auftreten Haiders die Franzosen allzu sehr an die nie verwundene Niederlage im Blitzkrieg 1940 erinnern. Ein Paris-Korrespondent meinte, dass die Abgrenzung Chiracs von der Regierung in Wien ein Zeichen für seine Distanz zur französischen Rechten um Jean-Marie Le Pen sein solle.

Auch eine andere kursierende These kann nur eine Teilerklärung sein: Der Westen brauche für den eigenen Zusammenhalt immer ein aktuelles Feindbild. Während die USA dieses vorzugsweise in der islamischen Welt suchen (Khomeini, Gaddafi, Bin Laden etc.), finden es die Europäer im eigenen Haus. Unter Vladimir Mečiar wurde die Slowakei zum Paria Europas erklärt, unter Franjo Tudjman Kroatien – und heute sei eben Österreich dran. Allen diesen Feindbildern ist gemeinsam, dass sie klein, ungefährlich und wehrlos sind. Doch wie immer die komplexen geschichtlichen, psychologischen, persönlichen und politischen Motive gefächert sein mögen: Tatsache ist, dass auch die Christdemokratie in Europa davon betroffen ist.

Spaniens Ministerpräsident José Maria Aznar, der sich vom frankistischen Erbe seiner Familie und seiner Partei absetzen möchte, sagte kurz nach seinem triumphalen Wahlsieg in Madrid bei einer Pressekonferenz: »Die 14 haben eine Anzahl von Maßnahmen vereinbart, die als Antwort auf die Koalition mit den Freiheitlichen gedacht war. Sie sollen nicht den Sturz einer Regierung herbeiführen, sondern darauf hinweisen, dass eine der Regierungsparteien in einem der Mitgliedsländer radikal im Widerspruch zum allgemeinen Geist der EU steht.« Aznar meinte damals auf Nachfrage eines Journalisten, er werde Bundeskanzler Schüssel beim EU-Sondergipfel in Lissabon sicher die Hand geben: »Ich gebe allen meinen Kollegen zur Begrüßung die Hand, und mein Treffen in Lissabon wird keine Ausnahme sein: Eine Sache sind politische Meinungsverschiedenheiten, eine andere die gute Erziehung.« Politische Zusammenarbeit in den Grenzen der guten Erziehung? Wenn die europäische Christdemokratie ihre Arbeit darauf begrenzt, können sich die Granden der Sozialistischen Internationale vergnügt die Hände reiben.

Österreichs Partner in Europa scheinen der Europa-Treue des kleinen Alpenlandes zu misstrauen, ohne dafür Argumente an der Hand zu haben. Hätten sie diese, dann könnten sie europarechtlich gegen Wien vorgehen. Der Amsterdamer Vertrag nämlich sieht die Aussetzung von Rechten eines Mitgliedslandes vor, das schwerwiegend und dauerhaft gegen die Grundsätze von Freiheit und Demokratie oder gegen die Menschenrechte verstößt. In Artikel 6 des EU-Vertrages von Amsterdam sind die Grundsätze der Europäischen Union definiert: »Die Union beruht auf den Grundsätzen der Freiheit, der Demokratie, der Achtung der Menschenrechte und Grundfreiheiten sowie der Rechtsstaatlichkeit.« In Artikel 7 wird das genaue Procedere vorgegeben, falls in einem Mitgliedsstaat »eine schwerwiegende und anhaltende Verletzung« dieser Grundsätze vorliegen sollte. Eine Feststellung der Verletzung, so heißt es dort, erfolgt »auf Vorschlag eines Drittels der Mitgliedsstaaten oder der Kommission und nach Zustimmung des Europäischen Parlamentes« durch einstimmigen Beschluss des Europäischen Rates und nach Anhörung der Regierung des betroffenen Staates. Dann könne der Rat, so heißt es weiter, »mit qualifizierter Mehrheit beschließen, bestimmte Rechte auszusetzen«.

Niemand jedoch beschritt diesen Weg. Gemeinschaftlich, also europäisch, will niemand gegen Österreich vorgehen, vermutlich in der Erkenntnis, dass dies sicher scheitern würde. In Europa ist Österreich also weiterhin geachtet, von den Europäern dagegen geächtet. Diesen Widerspruch kann man schwer verstehen. Im Namen der portugiesischen Ratspräsidentschaft erklärte der Europa-Staatssekretär Seixas da Costa im März 2000 in Straßburg, es gehe lediglich um eine »bilaterale politische Dimension«, um eine »ad-hoc-Entscheidung von vierzehn Regierungen«, von der die Europäische Union selbst nicht betroffen sei. Wörtlich meinte der als Ratsvertreter geladene Portugiese: »Die Österreichfrage gehört in den bilateralen Bereich. Die EU hat hier keinerlei Maßnahmen ergriffen. Vierzehn Mitgliedsstaaten haben frei entschieden, der österreichischen Regierung zu signalisieren, dass sie sehr unglücklich sind. Verwechseln Sie hier nicht die Gemeinschaftsdimension mit der bilateralen Dimension.« Wer hier etwas verwechselt, ist Staatssekretär Seixas da Costa: Er verwechselt die europäische Ordnung des 21. Jahrhunderts mit der nationalstaatlichen des 19. Jahrhunderts, und die Beziehungen zwischen EU-Staaten mit den Beziehungen zu Drittstaaten.

Ein Mitgliedsland der Union kann sich auch in seinem »bilateralen« Handeln die Partner in Europa nicht aussuchen und die Mittel und Methoden des Umgangs nicht frei wählen. Die europäische Einigung hat die Beziehungen zwischen den Staaten dieses Erdteils der Willkür und den Machtspielen der momentan Regierenden entzogen und unter die Herrschaft des Rechts gestellt. An diesem Recht sind alle zu messen, Österreich ebenso wie seine Kritiker in der Union. Bilaterale, präventive Maßnahmen, die unter Umgehung aller europäischen Institutionen und des europäischen Rechts verhängt werden, haben in einer Rechtsgemeinschaft nichts verloren. Die argumentativen Purzelbäume, die der portugiesische Europa-Staatssekretär in Straßburg schlug, um die unbegründbare Diskriminierung eines Mitgliedslandes zu begründen, zeigen eines ganz klar: Bei den Betreibern der Isolierung Österreichs ist durchaus das Bewusstsein dafür vorhanden, dass man gegen Geist und Buchstabe der europäischen Verträge agiert.

Damit künftig nationale Wahlen und Regierungsbildungen nicht erneut zum europäischen Freistilringen führen, könnte die Kommission eine Rechtsgrundlage mit objektiven, von allen akzeptierten Kriterien für Maßnahmen gegen ein Mitgliedsland erarbeiten. Beides fehlt jedoch beim Vorgehen gegen Österreich: die Rechtsgrundlage und die objektiven Kriterien. Die Diskriminierung Österreichs ist darum eine grobe Missachtung europäischen Rechts und ein Rückfall in zwischenstaatliches Faustrecht und dumpfen Nationalismus. Solcherart Willkür kann man im Europa des 21. Jahrhunderts nicht hinnehmen. Eine solide Rechtsgrundlage, die für große und kleine Staaten, für rechte wie linke Regierungen gelten würde und ein geordnetes Verfahren mit Anklage, Verteidigungsmöglichkeit, Beweisaufnahme und Verurteilung (beziehungsweise Freispruch) wäre die weiterreichende, die europäische Alternative dazu. Will man eine solche europarechtliche Ordnung nicht, gibt es nur zwei Wege: Den nationalstaatlichen, der eine Einmischung der europäischen Ebene in nationale Belange überhaupt ablehnt, aber dann auch kein Argument gegen einen Boykott durch einen anderen, ebenso souveränen Nationalstaat hat; oder den Ruf nach einer EU-Stelle, der sich nationale Regierungen oder Parteien künftig zur Prüfung und Zulassung vorstellen müssen. Zwischen nationalstaatlicher Willkür und EU-Diktatur führt nur ein schmaler Grat: der Weg einer europäischen, rechtlichen Regelung.

Warum isolieren wir nicht Amerika?

Die ganze Welt schien im Februar und März 2000 entrüstet, zornig, empört, besorgt nach Österreich zu blicken. Was war geschehen? Marschierten Schwarz- oder Braunhemden mit stramm erhobener Rechter durch Wien? Hat sich der Kärntner Landeshauptmann Jörg Haider zum »Führer und Reichskanzler« ausrufen lassen? Steht im Regierungsprogramm der neuen ÖVP/FPÖ-Koalition der Austritt aus der Europäischen Union, die Einführung der Todesstrafe, die Entmündigung der Opposition, die Verschärfung der Zensur, die staatliche Aufsicht über Künstler und Intellektuelle, die Verstaatlichung der Zeitungen? Wurden SPÖ-Politiker eingesperrt, die in Österreich lebenden Ausländer vertrieben, die Volksgruppenrechte abgeschafft?

Nichts dergleichen. Aber geben wir dem Ausland noch eine Chance, indem wir stärker abstrahieren: Droht in Österreich die Diktatur? Haben Nationalsozialisten, Verfassungsfeinde oder Gewalttäter die Macht ergriffen? Werden die Menschenrechte schrittweise außer Kraft gesetzt? Droht der Anschluss Sloweniens, Ungarns oder Deutschlands an ein »Großösterreichisches Reich«? Läuft Europa Gefahr, durch Österreich in einen Weltkrieg gezogen zu werden? Wieder Fehlanzeige. Warum also die Aufregung? Wozu der massive Druck des Auslands auf eine innerstaatliche Regierungsbildung? Hält man das kleine Österreich –

das mit seinen acht Millionen Menschen weniger Einwohner hat als die indische Küstenstadt Mumbai – plötzlich für eine internationale Gefahr? Glaubt man nicht mehr an die Stabilität der österreichischen Demokratie? Unterstellt man dem neuen Bundeskanzler Wolfgang Schüssel, den man als Außenminister jahrelang kennen lernen konnte, dass er sich vom glühenden Europäer zum verstockten Nationalisten gewandelt haben könnte?

Österreich wurde ohne Gerichtsverfahren, ohne formelle Anklageerhebung, ohne Beweisaufnahme und ohne die Gelegenheit zur Verteidigung abgeurteilt. Die von den Alpenländlern so gerne verklärte »Insel der Seligen« scheint über Nacht zum Paria Europas geworden zu sein. Der stets nach dem Konsens, nach der großen Harmonie schielende »homo austriacus« fand sich plötzlich in einer sonderbaren Situation wieder, mit der er offensichtlich nicht zurechtkam: Die ganze Welt hatte er in Aufregung versetzt, und die eigene Gesellschaft drohte sich zu spalten. Während die einen Österreicher die Welt überzeugen wollten, dass Österreich nicht so böse sei, wie die anderen nun glauben, solidarisierten sich die anderen Österreicher mit dem Protest der Welt, um ihr zu beweisen, wie gut sie doch seien.

Die knochentrockene Analyse, dass die Ratspräsidentschaft der Europäischen Union nicht das Recht hat, im Namen von vierzehn, zwölf, zehn oder acht Mitgliedsstaaten Entscheidungen herbeizuführen, zu verkünden oder zu vertreten, blieb dem erstaunlich wenig harmoniebedürftigen Kanzler Schüssel überlassen. Aber er hat Recht: Die Ratspräsidentschaft, die sich hier in den Dienst einiger gestellt hat, muss die Interessen aller Mitgliedsstaaten vertreten und die Meinungen aller Regierungen koordinieren. Österreich wurde jedoch nicht eingebunden, sondern ausgegrenzt. Die Europäische Kommission, die nüchterner und üblicherweise auch professioneller die europäischen Agenden wahrnimmt, hat deshalb eine viel moderatere Haltung eingenommen und darauf hingewiesen, dass der Boykott lediglich die bilateralen (also zwischenstaatlichen) Kontakte betreffen könne, keinesfalls aber das gemeinschaftliche Handeln in der Union.

Sobald sich der Pulverdampf gegenseitiger Vorwürfe, hitziger Wortgefechte und übler Gerüchte ein wenig gelichtet hat, kann man sich zwei unerlässlichen Fragen zuwenden, die – so unangenehm das sein mag – erstens psychologischer und zweitens historischer Natur sind: Warum reagierte das Ausland so, wie es nun einmal reagierte? Und: Warum fühlen sich die Österreicher jetzt so, wie sie sich fühlen? Beginnen wir mit der zweiten Frage: Ein Teil der Österreicher war über Haider maßlos entsetzt und über den Regierungswechsel bestürzt. Das liegt erstens an Haiders stets Überlegenheit suggerierendem Auftreten, an seiner politischen Unberechenbarkeit und seinen tatsächlichen geistig-verbalen Ausritten. Es liegt aber auch an der jahrelangen gezielten Dämonisierung Haiders, an der SPÖ wie ÖVP brav großkoalitionär mitwirkten. Es liegt schließlich daran, dass erstmals nach Jahrzehnten das Land von einem wirklichen Wandel erfasst werden könnte.

Dieser Wandel führt Österreich nicht zurück in die dreißiger Jahre des 20. Jahrhunderts, sondern ins

21. Jahrhundert. Für die meisten der heute im Alpenland Wahlberechtigten haben Rot und Schwarz (also SPÖ und ÖVP) »immer« regiert. Im Parlament saßen noch andere Parteien herum, aber das war relativ uninteressant. Tatsächlich hatte der Nationalrat ja nur mit der satten Mehrheit der immer währenden Großen Koalition das zu vollziehen, was die Sozialpartner vorher der Regierung befohlen hatten. Sein und Dasein hatten, so schien es, ihre unveränderbare Ordnung; es gab die rote und die schwarze Reichshälfte, denen die Bundesländer, die Gewerkschaften, die Kammern, die Magistrate, die Banken und sogar teilweise die Medien mehr oder weniger klar zuzuordnen waren. Selbst der glücklose Bundeskanzler Viktor Klima, mit dem die dreißigjährige Ära sozialistisch/sozialdemokratischer Kanzler auf dem Ballhausplatz endete, gab in der Abenddämmerung seiner Herrschaft zu, dass es in Österreich einen »Proporz« gebe. Er hätte auch, dem Vorbild Italiens folgend, von einer »Partitokratie« sprechen können.

Damit soll, so kündigten Schüssel und Haider an, nun Schluss sein. In Zukunft sollen Qualifikation und Leistung statt des Parteibuchs zählen. Und das – sollte das Versprechen wirklich halten – wäre nun wirklich eine Revolution! Außerdem soll privatisiert, gespart und modernisiert werden. Kein Wunder, dass halb Österreich in helle Aufregung geriet! Doch, so fragt sich der Nachdenkliche, sollte man in Europa (wozu Österreich seit 1995 auch im politischen Sinn wieder gehört) nicht froh sein, dass Wien nun dort anzukommen sich anschickt, wo Brüssel längst ist: im freien Markt nämlich? Sollte man in Europa nicht darüber jubeln, dass im Alpenland fortan nicht mehr unbekannte und demokratisch nie gewählte Kammern- und Gewerkschaftsvertreter, sondern gewählte Volksvertreter regieren, dass endlich eine Gewaltenteilung Einzug hält und eine ernst zu nehmende Opposition entstanden ist?

Doch Europa, Israel und Amerika legten die Stirn in Falten. Da kommt einem Großteil der Österreicher doch ein böser Verdacht: Nur weil wir klein und die anderen groß sind, kann man uns so behandeln! Man nimmt uns nicht ernst und will uns von außen sagen, was wir zu tun haben. Wie hätte denn Frankreichs Staatspräsident Jacques Chirac darauf reagiert, wenn seine Partner in der EU einen Boykott Frankreichs ausgerufen hätten, weil in Paris Kommunisten in der Regierung sitzen? Wie hätte die italienische Öffentlichkeit reagiert, wenn Österreich Rom mit Sanktionen gedroht hätte, weil dort mit Massimo d'Alema ein Reform-Kommunist zum Ministerpräsidenten gewählt wurde? Was würde Deutschland zu einer EU-Rüge sagen, wo doch dort der einstige RAF-Verteidiger Otto Schily das verantwortungsvolle Amt des Innenministers bekleidet?

Bayerns Ministerpräsident Stoiber hat gemeint, dass die Europäische Union sich nicht in Wien einmischen dürfe, weil sie kein Staat sei (worauf wir noch zurückkommen werden). Doch das tröstet schon gar nicht. Deutschland ist zweifellos ein Staat, und dennoch ist es undenkbar, dass sich die deutsche Bundesregierung in die bayerische Kabinettsbildung einmischt, oder – um den Vergleich auf den Punkt zu bringen – dass die übrigen fünfzehn Bundesländer Deutschlands dem bayerischen Ministerpräsidenten den Boykott erklären. Man stelle sich nur ad experimentum vor, nach einer Landtagswahl in der Steiermark würden sich die Landeshauptleute von Kärnten und Tirol ans Telefon setzen und ein Maßnahmenpaket gegen Graz organisieren! Ein derartiges Vorgehen widerspräche nicht nur jedem demokratischen Ansatz, sondern würde auch zu nachhaltigen politischen Verwerfungen führen.

In den Vereinigten Staaten von Amerika, dem Hort von Freiheit und Demokratie in der Welt, laut allen US-Präsidenten »God's own country«, warten rund 3000 Menschen in Todeszellen auf ihre Hinrichtung. In den Niederlanden ist jeder zwanzigste Sterbende ein Euthanasie-Opfer, bei seinem Sterben wird von Menschenhand also ganz legal etwas nachgeholfen. Israel hat etwa zeitgleich mit dem Zustandekommen der neuen österreichischen Bundesregierung im Südlibanon wieder ein wenig bombardiert, um in seiner Sicherheitszone für Ordnung zu sorgen. Russland sorgte gerade auf seine Weise für Ordnung in Tschetschenien, indem es die dortige Bevölkerung auszurotten versuchte. Haben die vorbildlich demokratischen, lupenrein rechtsstaatlichen und freiheitsliebenden Mitgliedsstaaten der Europäischen Union deshalb den USA, den Niederlanden, Israel oder Russland mit Sanktionen gedroht? Haben sie ihre Botschafter aus Washington, Amsterdam, Jerusalem oder Moskau abgezogen? Warum isolieren wir nicht Amerika? Nur weil Amerika groß und stark, Österreich jedoch klein und wehrlos ist?

Doch nun zur Psyche des Auslands: Man muss weder Psychologe noch Historiker sein, um die Hintergedanken des deutschen Kanzlers Gerhard Schröder oder seines Außenministers Joseph Fischer zu durchschauen. Auch durfte man bei einem im Wahlkampf befindlichen spanischen Ministerpräsidenten Aznar nicht jeden Satz auf die Goldwaage legen. Aber was treibt einen konservativen französischen Präsidenten Chirac an und um, der einst über die Ausländer in seinem Land Worte gesprochen hat, die die FPÖ noch inspirieren könnten? Was bewegt die belgische Regierung oder italienische, französische und britische Zeitungen? Wenn es die Angst vor einer Neuauflage Hitlers und des NS-Regimes ist, dann kann man nur in Anlehnung an den einstigen SPÖ-Kanzler Bruno Kreisky dazu auffordern, Geschichte zu lernen. Niemand, der die Lage wirklich kennt, konnte im Februar 2000 oder später in Österreich die Errichtung einer braunen, expansionistischen Diktatur erwarten. Dennoch warfen sich viele in die Pose des Widerständlers. Gestoppt werden sollte wohl nicht ein Kärntner Landespolitiker, sondern der tote Hitler. Die Haider-Hitler-Parallelen hatten deshalb in den westeuropäischen Medien wochenlang Hochkonjunktur. Es mutet dies an, wie bei Generälen, die in der Pension jene Schlachten, die sie im wirklichen Leben verloren, nochmals mit Zinnfiguren nachstellen – nur dass sie diesmal gewinnen. Diesmal, so mag das Unterbewusstsein vielen geflüstert haben, lassen wir ihn nicht hochkommen, diesmal leisten wir tapfer Widerstand, diesmal sind wir Helden!

Wie war das damals, in jener finsteren Vergangenheit, an die Österreich nun unaufhörlich gemahnt wird, ohne dass man sie genauer in Augenschein nähme? In Deutschland kam der Österreicher Adolf Hitler 1933 auf formal demokratischem Weg an die Macht. In Österreich musste er einmarschieren, nachdem ein Putschversuch 1934 scheiterte. Zugegeben, als die deutschen Truppen am 11./12. März 1938 die Macht in Österreich übernahmen, stießen sie nicht nur auf Feindseligkeiten, sondern auch auf viel Begeisterung. Die Pläne des im Exil lebenden Thronfolgers Otto, auch militärischen Widerstand zu leisten, scheiterten an der Feigheit der Regierung in Wien. Die Abschiedsrede des damaligen Kanzlers Schuschnigg zeigt Trauer und Resignation: »Der Herr Bundespräsident beauftragt mich, dem österreichischen Volk mitzuteilen, dass wir der Gewalt weichen.«

Zugegeben, viele Österreicher waren glühende Nationalsozialisten und sogar üble NS-Schergen. Viele dachten nicht österreichisch, sondern groß-deutsch. Kollaborateure gab es übrigens auch in anderen Ländern, und das Aufrechnen historischer Schuld macht wenig Sinn. Wer aber Österreich nur als Mittäter im Großdeutschen Reich und nicht zumindest auch als Opfer Hitlers sieht, rechtfertigt damit den Anschluss noch in der historischen Rückschau. Auch sei nicht vergessen, dass sich Österreich vier Jahre lang gegen den Anschluss wehrte und Bundeskanzler Engelbert Dollfuß von Nazi-Putschisten 1934 erschossen wurde. Nach dem Anschluss 1938 wurden in Österreich nicht nur Kommunisten, Sozialisten und Christlichsoziale, sondern auch Monarchisten und Katholiken wegen ihrer Gesinnung inhaftiert, gefoltert und getötet. Das westliche Ausland, das heute Österreich mit strengem Zeigefinger ermahnt, war übrigens 1934 wie 1938 wenig hilfreich. 1934 machte nur das faschistische Italien eine Drohgebärde gegen Berlin; nach 1938 war es nur Mexiko, das den Anschluss Österreichs an Hitler-Deutschland nicht anerkannte. Paris und London schwiegen damals. Wollen sie vielleicht deshalb heute umso lauter ihren Protest anmelden?

Doch auch die Angst, der Bannstrahl gegen die radikalen Nationalisten mit ihrem rassistischen Zungenschlag könnte gebrochen sein, sobald einer der ihren auf nationaler Ebene Regierungsverantwortung übernimmt, ist ein aktueller Beweggrund westlicher Politiker. Franz Josef Strauß wird von CSU-Größen bis heute gerne mit dem Satz zitiert, es dürfe rechts von der CSU keine demokratisch legitimierte Partei geben. Taucht doch eine auf, dann werden ihre Führer bekämpft und ihre Wähler eingebunden. In Bayern war die CSU mit dieser Strategie erfolgreich. Doch in Frankreich, Italien oder Belgien ist dies nicht gelungen. Wie wenig Haider auch mit Le Pens Front National, der Alleanza Nazionale oder dem Vlaams Blok zu tun haben mag, man fürchtet doch, sein Erfolg könne Wasser auf deren Mühlen sein. Mit dem lästigen Detail, dass mit Haider einfach eine innenpolitische Alternative gewählt wurde, weil die Parteibuchwirtschaft der Wiener Großkoalitionäre zum Himmel stank, will man sich im Ausland nicht herumschlagen. Wozu auch in fernes Wissen abschweifen, das Vorurteil es liegt so nah!

Europas Staatsqualität heute

Eine Frage von Krieg oder Frieden

Die Europäische Union beschäftigt sich heute mit dem Cadmiumgehalt in Düngemitteln oder dem Kakaobutteranteil in Schokolade, mit Tiertransporten und Haftpflichtversicherungen, mit Fragen der Beschäftigung und des Umweltschutzes. Sie überschwemmt die 375 Millionen Bürger der Union mit immer neuen Richtlinien und Verordnungen, die das alltägliche Leben des Einzelnen betreffen. Mussten sich Europapolitiker noch vor wenigen Jahren – vor den Verträgen von Maastricht und Amsterdam – verhöhnen lassen, sie seien unbedeutend und hätten nichts zu bestimmen, so wird heute in fast allen Mitgliedsstaaten der Europäischen Union die Frage laut, ob Europa denn alles regeln müsse, ob es nicht schon zu viel Europa gebe und ob es wirklich diese enge Gemeinschaft sei, die die Gründerväter Europas einst angestrebt haben.

Es ist nicht schwer zu erkennen, welche Idee oder Sehnsucht jene bewegte, die die Grundsteine des heute weitgehend vereinten, eng verzahnten Europas legten: Es war der Wunsch, dem Krieg bringenden Nationalismus eine realistische Friedensidee entgegenzusetzen. Wenige Jahre nach dem Ersten Weltkrieg trat ein junger böhmischer Graf auf, der als Privatmann für die Vereinigung Europas warb. Richard Coudenhove-Kalergi, dessen Mutter eine Japanerin war und der in Tokio zur Welt kam, schrieb bereits 1923 – zehn Jahre vor Hitlers Machtergreifung und 16 Jahre vor dem Beginn des Zweiten Weltkrieges – diesen prophetischen Satz: »Europa befindet sich gegenwärtig auf dem Wege zu einem neuen Krieg.« Coudenhove-Kalergi sah nur eine Möglichkeit, den drohenden »Zukunftskrieg« zu verhindern, nämlich die Überwindung der nationalen Hass-Spirale durch die wirtschaftliche und politische Vereinigung der europäischen Staaten.

Nicht nur den 1939 tatsächlich beginnenden Ausbruch des Zweiten Weltkrieges, sondern auch die darauf folgende Teileroberung Europas durch die expansionistische Sowjetunion sah Coudenhove-Kalergi bereits 1923 voraus: »Die europäische Frage wird erst gelöst werden durch einen Zusammenschluss seiner Völker. Dieser Zusammenschluss wird entweder freiwillig erfolgen durch Bildung eines Paneuropäischen Staatenbundes – oder aber gewaltsam durch eine russische Eroberung.« Kompromisslos kämpfte der junge Philosoph mit der von ihm gegründeten Bewegung zugleich gegen Nationalsozialismus und Kommunismus: »Stalin bereitet den Bürgerkrieg vor – Hitler den Völkerkrieg«, sagte Richard Coudenhove-Kalergi 1932 in Basel.

Coudenhove-Kalergis paneuropäische Initiative, der sich prominente Denker und Schriftsteller wie Stefan Zweig, Gerhart Hauptmann, Rainer Maria Rilke, Franz Werfel, Arthur Schnitzler, und zeitweise auch Heinrich und Thomas Mann anschlossen, blieb in den zwanziger Jahren ebenso erfolglos wie der von ihm inspirierte Versuch des französischen Außenministers Aristide Briand. Die Folgen sind bekannt: Europa versank in Barbarei, Krieg und Chaos. Nach dem Zweiten Weltkrieg, vor dem Coudenhove-Kalergi vergeblich gewarnt hatte, starteten große europäische Staatsmänner neue Initiativen, das nationalstaatliche Chaos durch eine neue europäische Friedensordnung zu ersetzen. Der britische Premier und Kriegsheld Winston Churchill, dessen Schattenseiten sich am Ende des Weltkriegs auch deutlich zeigten, formulierte 1946: »Wenn Europa einmal einträchtig sein gemeinsames Erbe verwalten würde, dann könnten seine drei- oder vierhundert Millionen Einwohner ein Glück, einen Wohlstand und einen Ruhm ohne Grenzen genießen ... Wir müssen eine Art Vereinigte Staaten von Europa schaffen. Der Weg ist einfach. Es ist nichts weiter dazu nötig, als dass Hunderte von Millionen Männern und Frauen Recht statt Unrecht tun und Segen statt Fluch ernten.«

Der deutsche Bundeskanzler Konrad Adenauer, der italienische Ministerpräsident Alcide de Gasperi, der französische Präsident Charles de Gaulle (auch er ein Kriegsheld) und der Staatsmann Robert Schuman wurden zu den Baumeistern des sich zusammenschließenden Europa. Die Motivation dieser Politiker lag nicht in der Gewinnmaximierung durch den gemeinsamen Markt, sondern in der Sehnsucht, nach zwei grausamen Weltkriegen und einer Welle von Unterdrückungen und Vertreibungen ein neues Zeitalter des Friedens und des Rechtes aufzurichten. Robert Schuman verdanken wir die »Europäische Gemeinschaft für Kohle und Stahl«, die Montanunion. Aber aus einer Rede von 1950 –

Schuman war damals Außenminister Frankreichs – wissen wir, dass er darin nur »den ersten Grundstein einer europäischen Föderation« sah. Er wollte mit dem Praktischen beginnen, um das große Ideal zu erreichen. Wörtlich sagte er: »Europa lässt sich nicht mit einem Schlage herstellen und auch nicht durch eine einfache Zusammenfassung: es wird durch konkrete Tatsachen entstehen, die zunächst eine Solidarität der Tat schaffen.«

Zwei Jahre später war die Montanunion Wirklichkeit, und nochmals sechs Jahre später hielt Robert Schuman seine Antrittsrede als erster Präsident des neu geschaffenen (damals noch nicht von den Völkern direkt gewählten) Europäischen Parlamentes. Darin ließ er am Ziel der Einigung Europas keinen Zweifel: »Wir sind dazu aufgerufen, uns auf die christlichen Grundlagen Europas zu besinnen, indem wir ein demokratisches Modell der Herrschaftsausübung aufbauen, das durch Versöhnung eine Gemeinschaft der Völker in Freiheit, Gerechtigkeit, Solidarität und Frieden entstehen lässt, das zutiefst in den christlichen Grundwerten verwurzelt ist.« Dieser Bezug auf die christlichen Werte ist bei mehreren der Gründerväter des vereinten Europa, wenngleich zum Teil unausgesprochen, spürbar. Nicht zufällig laufen sowohl für Robert Schuman als auch für Alcide de Gasperi Seligsprechungsverfahren. Auch Adenauer und de Gaulle waren überzeugte Katholiken, und Coudenhove-Kalergi war zwar von Seiten seiner Mutter durch japanisches Denken geprägt, jedoch katholisch getauft und christlich erzogen.

Allen Wegbereitern der Europäischen Union gemeinsam ist der entschiedene Wille, das Zeitalter des Nationalismus und der großen Völkerkriege durch eine europäische Friedensordnung abzulösen. Dies gilt auch für die zahlreichen europapolitischen Initiativen von Ex-Bundeskanzler Helmut Kohl, dessen bleibende Verdienste durch sein Zerwürfnis mit den Diadochen in seiner Partei ungeschmälert sind, oder des französischen Ex-Präsidenten François Mitterrand. Letzterer sagte kurz vor seinem Tod in seiner letzten Rede vor dem Europäischen Parlament in Straßburg: »Der Nationalismus bedeutet Krieg!« Und nicht zufällig trägt eines der jüngeren Bücher des Präsidenten der Internationalen Paneuropa-Union und langjährigen Alterspräsidenten des Europäischen Parlamentes, Otto von Habsburg, den Titel »Friedensmacht Europa«.

Es mag manchem als selbstverständlich erscheinen, dass es zwischen den Staaten Westeuropas seit Jahrzehnten keinen Krieg mehr gegeben hat. Aber es ist ausschließlich der europäischen Einigung zu verdanken, dass die zahlreichen und vehementen Auseinandersetzungen – etwa über den Fischfang zwischen Dänemark und Großbritannien oder zwischen Spanien und Frankreich, über den Export von britischem Rindfleisch zwischen London und Paris, etc. – am Konferenztisch und nicht auf dem Schlachtfeld ausgetragen werden. So sehr nächtelange Konferenzen und schier endlose Debatten Politiker wie Publikum auch ermüden mögen – gegenüber der militärischen Austragung von Konflikten und Meinungsverschiedenheiten stellen sie einen gewaltigen zivilisatorischen Fortschritt dar.

Doch während sich die Europäische Gemeinschaft im Westen des Erdteils immer mehr vertiefte und zugleich von 6 auf 15 Mitgliedsstaaten erweiterte, schmachtete die östliche Hälfte Europas unter den kommunistischen Diktaturen. In den Jahren 1989 bis 1991 verwandelten die Menschen in Polen, Ungarn, der Tschecho-Slowakei, der DDR, Rumänien, in den baltischen Republiken Litauen, Lettland und Estland sowie in der Ukraine das Antlitz Europas. Sie fegten die kommunistischen, von Moskau gestützten Tyranneien hinweg und bauten freiheitliche Gemeinwesen auf. Während sich in Mitteleuropa die Freiheit Bahn brach und die Sowjetunion trotz aller untauglichen Beharrungsversuche Michail Gorbatschows zerbarst, lösten sich in Südosteuropa Slowenien und Kroatien, Bosnien-Herzegowina und Makedonien aus dem serbisch dominierten Jugoslawien. Die meisten westeuropäischen und amerikanischen Politiker verweigerten jegliche Einsicht in die Veränderungen, bis sie unleugbar waren. Dann setzten sie sich schnell an die Spitze der Euphorie, um nach deren Abklingen in die Ignoranz zurückzusinken. (Das Paradebeispiel dafür ist der frühere deutsche Außenminister Hans-Dietrich Genscher.) Nirgendwo ist dies bis heute besser dokumentierbar als auf dem Balkan.

Bis 1991 konnten die kommunistischen Zwangsstaaten in Mittel- und Osteuropa und die Nomenklatura im Kreml dafür verantwortlich gemacht werden, dass sich das Streben nach immer stärkerer europäischer Integration auf die westliche Häfte des Erdteils beschränken musste. Seit 1991 gibt es für die Teilung Europas jedoch keine Entschuldigung mehr. Der einzige früher kommunistische Staat, der bisher den Sprung in die Europäische Union geschafft hat, war die DDR, die durch die deutsche Wiedervereinigung in den Vollgenuss der europäischen Entwicklung kam. Die Polen, Ungarn oder Tschechen – Geburtshelfer der Wiedervereinigung Deutschlands – hoffen auf einen Beitritt in den nächsten Jahren.

Die Europäische Union hat sich zwei schwierige, arbeitsreiche Aufgaben zur gleichen Zeit vorgenommen: Einerseits soll die Europäische Union transparenter und effizienter werden, die in Amsterdam weitgehend versäumte Reform der europäischen Institutionen soll nun endlich nachgeholt werden. Andererseits verhandelt die EU bereits mit einem Dutzend Staaten über den Beitritt und unterstützt einen dreizehnten, die Türkei, bei seiner Annäherung an Europa. Dabei wird, wie Finnlands Premier Paavo Lipponen als damaliger Präsident des Europäischen Rates im Dezember 1999 betonte, jedes Bewerberland »in seinem eigenen Rhythmus vorankommen«, da nun mit jedem Kandidaten bilaterale Verhandlungen stattfinden. Dies ist tatsächlich nach verlorenen Jahren »ein neues Stadium der Erweiterung«, um nochmals Lipponen zu zitieren.

Als der französische Staatspräsident Jacques Chirac im Dezember 1999 das neue Gebäude des Europäischen Parlamentes in Straßburg offiziell eröffnete, da nutzte er seine Ansprache vor den Vertretern der Völker, um seine Vision von Europa kundzutun. Die Bürger, so meinte Chirac damals, sehen Europa als etwas Technokratisches, Fernes und Abstraktes an. Einerseits, so referierte Chirac die vermutete Sicht der Bürger, ignoriere die Europäische Union die täglichen Sorgen und sei unfähig, wirkliche Probleme wie Drogenhandel oder Kriminalität wirksam zu bekämpfen, andererseits greife sie unter Missachtung der Subsidiarität in alle Lebensbereiche ein. Der Präsident Frankreichs rief die Abgeordneten auf, gemeinsam die Vorurteile über Europa zu widerlegen und die Bemühungen um eine Vermittlung der Europa-Idee zu vereinen. Das verfehlte seine Wirkung nicht: Hans-Gert Pöttering, der Vorsitzende der mandatsstärksten Fraktion der Straßburger Versammlung, der christdemokratischen EVP, zeigte sich anschließend davon beeindruckt, welchen Weg der – einst als betont national geltende – frühere Gaullisten-Chef zurückgelegt habe.

Tatsächlich legte Präsident Chirac ein europäisches Plädoyer ohne Wenn und Aber ab: »Ein für allemal muss dem Gedanken ein Ende gesetzt werden, dass das Europäische Parlament nur wenige Befugnisse hat«, meinte der Präsident Frankreichs und begrüßte die Ausweitung der parlamentarischen Mitsprache ebenso wie die volle Einbeziehung des Europaparlaments in die Arbeit der damals unmittelbar bevorstehenden Regierungskonferenz. Dies war umso bemerkenswerter, als der Gipfel in Helsinki lediglich davon sprach, dem Europaparlament bei der Regierungskonferenz zwei Beobachter zuzugestehen, was in Straßburg für Verärgerung sorgte. Auch für die Erweiterung der Union legte Chirac ein klares Bekenntnis ab: »Durch die Öffnung gegenüber 13 Kandidatenländern, zu denen später noch die Länder des Balkan kommen, bekräftigt die

Union ihre Berufung, die ganze europäische Familie zu versammeln.« Beim Gipfel von Helsinki, wenige Tage vor Chiracs Straßburger Rede, hatten die Staats- und Regierungschefs zwar beschlossen, direkte Verhandlungen mit allen bisherigen Beitrittskandidaten zu führen, doch war vom Balkan (oder dem Raum, den Chirac damit gemeint haben könnte) bis dahin keine Rede.

Sollte der aufgestellte Zeitplan gelingen, also die Reform bis 2001 abgeschlossen sein und die erste Erweiterungsrunde Ende 2002 stattfinden, dann kann sich Jacques Chirac als Prophet fühlen. In Straßburg versicherte er nämlich: »Mit Europa geht es viel schneller voran, als man sagt. Ja, das 21. Jahrhundert wird das einer europäischen Wiedergeburt sein.« Vor den Vertretern der europäischen Völker präsentierte sich der Präsident der »grande nation« als Architekt eines »Europas der Bürger«, der der jungen Generation helfen will, »ein europäisches Bewusstsein zu schmieden«, und von »einer neuen europäischen Renaissance« träumt. Umso sonderbarer, dass er wenig später in die Rolle eines nationalstaatlich denkenden Großmachtpolitikers zurückfiel und als Motor der uneuropäischen Maßnahmen gegen Österreich wirkte. Die von Chirac beschworene europäische Renaissance kann jedenfalls nur Erfolg haben, wenn die europäischen Staatsmänner die Befindlichkeiten der Völker nicht aus den Augen verlieren, wenn es gelingt, die Friedens- und Rechtsordnung der Europäischen Union auf den ganzen Kontinent auszudehnen und wenn der im Entstehen begriffene Superstaat Europa seine Bürger nicht überfordert.

Die Europäische Union heute – ein Staat?

Stehen hinter dem Pathos europäischer Sonntagsreden tatsächlich ein Konzept und eine Strategie für das Europa von morgen? Gibt es für die politische Integration einen Plan oder nur immer wieder Kompromisse zwischen sogenannten Maximalisten und Minimalisten? Ist der Prozess der europäischen Einigung überhaupt ein willentlich zielgerichteter, oder schlitterten die Staatsmänner an der Spitze der Mitgliedsstaaten einfach nur in eine immer tiefere Einigung hinein?

Fast ist man versucht, das Erstere anzunehmen. Bereits in der Präambel des am 25. März 1957 in Rom unterzeichneten Vertrages heißt es, die Europäische Wirtschaftsgemeinschaft werde gegründet »in dem festen Willen, die Grundlagen für einen immer engeren Zusammenschluss der europäischen Völker zu schaffen«. Der am 2. Oktober 1997 unterzeichnete und am 1. Mai 1999 in Kraft getretene Vertrag von Amsterdam schließt daran an, indem er in Artikel 1 »eine neue Stufe bei der Verwirklichung einer immer engeren Union der Völker Europas« beschwört. Seit der Gründung der Montanunion, der »Europäischen Gemeinschaft für Kohle und Stahl« (EGKS), scheinen sich die führenden Politiker mehrerer westeuropäischer Staaten darüber im Klaren gewesen zu sein, dass dies nur der erste von vielen Schritten sein würde.

Das Dynamische, sich manchmal schneller, manchmal langsamer Fortentwickelnde ist ganz unzweifelhaft der gravierende Unterschied zwischen der europäischen und der nationalen Staatlichkeit. Europas Staatswerdung ist ein linearer, ein manchmal sogar schleichender Prozess, der sich gerade deshalb der Wahrnehmung vieler entzieht. Keine feierliche Proklamation, mit der der neue Superstaat Europa ausgerufen würde, kein festlicher Gründungsakt, sondern viele Verträge, feierliche Erklärungen und mühselige Verhandlungen stellen die Gründungsgeschichte dieses Staates dar. Integration, das heißt Vertiefung des Gemeinschaftlichen, war das Schlüsselwort dieser Entwicklung. Und dabei bleibt es vorläufig auch: Das Europa »des Friedens und der Demokratie«, so betonte Frankreichs Präsident Jacques Chirac, bedarf einer Fortentwicklung. Darüber herrscht in den Institutionen der Union Einigkeit.

Selbst viele Politiker, die die Sorge haben, dass die rasche Entwicklung der europäischen Integration die Menschen überfordern könnte, stellen das Prinzip an sich nicht in Frage. So sagte der bayerische Ministerpräsident Edmund Stoiber im November 1999 bei einer Rede im Kaisersaal der Münchner Residenz: »Die Menschen müssen Schritt halten können mit den politischen Entwürfen, in denen es heute nicht mehr um das Ob einer weiteren Integration oder um das Ob der Osterweiterung geht, sondern um das Wie der Gegenwart und Zukunft Europas.« Aufschlussreich ist, dass Stoiber in der zitierten Rede einerseits die Nation als »Kultur-, Geschichts- und Schicksalsgemeinschaft« pries, andererseits aber ein »gemeinschaftliches und effektives

Vorgehen in der Außen- und Sicherheitspolitik« forderte. Wenn jedoch die Außen- und Sicherheitspolitik nicht mehr der nationalen Kompetenz zugeordnet ist, dann drängt sich die Frage auf, ob die fünfzehn der EU angehörenden Nationalstaaten überhaupt noch als »Staaten« zu bezeichnen sind.

Tatsächlich hat der Maastrichter Vertrag die Außen- und Sicherheitspolitik nicht vergemeinschaftet, sondern ebenso wie die Zusammenarbeit in den Bereichen der Innen- und Justizpolitik im intergouvernementalen Bereich – also in der Zusammenarbeit der Mitgliedsstaaten belassen. Doch der Vertrag von Maastricht ist längst Geschichte. Die »zweite« und »dritte Säule« von Maastricht wachsen, das ist spätestens seit der Benennung von Javier Solana zum »Mr. GASP« unverkennbar, in den vergemeinschafteten Bereich hinein. Die staatenbündischen Elemente der Europäischen Union werden damit geringer, die bundesstaatlichen nehmen zu. Die Frage, die sich heute manche hoffend und viele bangend stellen, lautet: Ist die Europäische Union bereits ein Staat oder zumindest auf dem Weg der Staatswerdung?

Der bayerische Ministerpräsident Edmund Stoiber hat dies in der bereits zitierten Rede so in Frage gestellt: »Der Nationalstaat ist noch auf lange Zeit der zentrale Raum der politischen Willensbildung, der Rahmen der politischen Diskussion und die Quelle der demokratischen Legitimität von Mehrheitsentscheidungen gegen eine Minderheitsmeinung.« In nahezu klassischer politikwissenschaftlicher Manier argumentierte Stoiber weiter: »Es gibt aber keine europäische Öffentlichkeit und keine gemeinsame europäische Medienwelt, es gibt kein europäisches Staatsbürgervolk, keinen europäischen ›Demos‹ der europäischen Demokratie. Die Demokratien Europas sind und bleiben Demokratien in Nationalstaaten.« Nun kann man sicher darüber streiten, ob der Nationalstaat der zentrale Raum politischer Willensbildung et cetera ist. Zumindest stimmt es nachdenklich, dass ausgerechnet der Ministerpräsident des sonst so sehr (und aus gutem Grund) auf seine Staatlichkeit so stolzen Freistaates Bayern die Einzigartigkeit des Nationalstaates derart betont.

Strittig mag sein, ob es eine »europäische Öffentlichkeit« gibt. Immerhin gibt es EU-weit diskutierte politische Themen – etwa den BSE-Skandal, den Sturz der Santer-Kommission, die Isolierung Österreichs nach der Regierungsbeteiligung der FPÖ oder die gemeinschaftliche Agrarpolitik. Auch wirken viele Medien – und nicht nur das Internet – längst über die Grenzen ihrer Staaten hinaus. Unhaltbar sind jedoch Stoibers Annahmen, es gebe »kein europäisches Staatsbürgervolk« und die Demokratie verwirkliche sich nur in den Nationalstaaten. Die Unionsbürgerschaft, auch wenn sie die Mitgliedschaft eines EU-Landes voraussetzt, ist eine eigene Wirklichkeit. Seit dem Vertrag von Amsterdam garantiert sie dem Unionsbürger das Recht der Freizügigkeit und des Aufenthaltes im gesamten EU-Gebiet, das aktive und passive Wahlrecht bei den Kommunal- und Europawahlen, den diplomatischen und konsularischen Schutz in Drittstaaten und das Recht, sich unmittelbar mit einer Petition an das Europäische Parlament oder mit einer Beschwerde an den Europäischen Ombudsman (Bürgerbeauftragten) zu wenden.

Spätestens seit der ersten Direktwahl des Europäischen Parlamentes im Juni 1979 muss man auch zugeben, dass sich die Demokratie nicht nur im nationalen, sondern auch im europäischen Rahmen direkt verwirklicht. Die Tatsache, dass jeder Unionsbürger mit fremder Staatsbürgerschaft für ein kommunales Amt oder für das Europäische Parlament in dem EU-Land, in dem er wohnt, kandidieren kann, rüttelt erheblich an den Grundfesten des traditionellen Staatsbürgerschaftsverständnisses. Michael Dickstein schrieb deshalb mit vollem Recht in seiner juristischen Dissertation: »Die Unionsbürgerschaft überlagert die Staatsangehörigkeit.« Und weiter: »Das Verbot der Diskriminierung wegen unterschiedlicher Staatsbürgerschaft untergräbt schon von seiner Zielrichtung die staatliche Autorität.«

Nach den herkömmlichen Kriterien des Staatsrechtes und der Politikwissenschaft gibt es drei Elemente, die einen Staat ausmachen: Staatsgebiet, Staatsvolk und Staatsgewalt. Das Staatsgebiet der Europäischen Union ist ausreichend klar definiert. Es besteht aus den Gebieten seiner jeweiligen Mitgliedsstaaten, seine Hoheitsgewalt bezieht sich auf dieses Gebiet. Dies ist in bundesstaatlich organisierten Mitgliedsländern ähnlich definiert. So heißt es etwa in Artikel 2 Absatz 2 des österreichischen Bundesverfassungsgesetzes: »Der Bundesstaat wird gebildet aus den selbstständigen Ländern: Burgenland, Kärnten, Niederösterreich, Oberösterreich, Salzburg, Steiermark, Tirol, Vorarlberg, Wien.« Ähnlich formulierten die Väter des deutschen Grundgesetzes in Artikel 23 über den Geltungsbereich dieser deutschen Verfassung: »Dieses Grundgesetz gilt zunächst im Gebiet der Länder Baden, Bayern, Bremen, Groß-Berlin, Hamburg, Hessen, Niedersachsen, Nordrhein-Westfalen, Rheinland-Pfalz, Schleswig-Holstein, Württemberg-Baden und Württemberg-Hohenzollern. In anderen Teilen Deutschlands ist es nach deren Beitritt in Kraft zu setzen.«

Man sieht also, dass ein Staat nicht die ursprünglichere Größe sein muss, die sich nachträglich in Verwaltungseinheiten oder Länder gliedert. Es kann sich – und dies entspricht meist der historischen Entwicklung besser – ein Staat auch aus geschichtlich gewachsenen Ländern konstituieren. Dass die deutschen Bundesländer sich seit der Verabschiedung des Grundgesetzes veränderten und neue Bundesländer – durch die Wiedervereinigung – hinzukamen, tut der deutschen Staatlichkeit ebenso wenig Abbruch, wie die Erweiterung der Europäischen Union ihrer Staatlichkeit Abbruch tun kann.

Schwieriger als die territoriale Frage ist die personale zu beantworten, also die Frage nach dem europäischen Staatsvolk. Wie viel Einheitlichkeit muss ein Staatsvolk aufweisen, um von Staatsrechtlern und Politologen als solches akzeptiert zu werden? Einige Beispiele: Gab es ein sowjetunionistisches Volk oder ein österreichisch-ungarisches? Gibt es heute ein US-amerikanisches Volk oder ein schweizerisches? Wird irgendjemand Österreich-Ungarn, der Schweiz, der Sowjetunion oder den USA die Staatlichkeit absprechen, weil deren Bürger nicht einer Sprache oder einer Rasse waren beziehungsweise sind? Auch in Kanada oder Belgien gibt es mehrere offizielle Staatssprachen. Von den zahlreichen nationalen Minderheiten, insbesondere den angestammten Volksgruppen, die den Mythos vom Nationalstaat an sich schon in Frage stellen, wird später noch mehr die Rede sein.

Dennoch schwingt bei vielen Politikern nationale Romantik mit, wenn sie kritisch über Europa sprechen. Wenn ich an dieser Stelle nochmals Ministerpräsident Stoiber zitiere, dann deshalb, weil er keinesfalls als Nationalist eingestuft werden kann und sein Bekenntnis zum vereinten Europa – genauer zu einem »Europa der Vaterländer« – über jeden Zweifel erhaben ist. Stoiber sagte in der bereits zitierten Rede: »Die Bürger vertrauen auf ihre Lebenserfahrung, in der die Nation als Kultur-, Geschichts- und Schicksalsgemeinschaft Teil ihrer Identität ist.« Und: »Die Nation ist kein überholtes Konzept der europäischen Geschichte.« Im Folgenden beschrieb er die Nation als »Kommunikationsgemeinschaft mit gemeinsamer Sprache und Kultur« sowie als »emotionale Gemeinschaft, die auf gleichen oder ähnlichen Erinnerungen und Erfahrungen gründet«.

Ob dies im Zeitalter des Fernsehens, in dem der durchschnittliche Deutsche das Sozialleben von Hollywood besser kennt als das des Nachbardorfes, oder die US-amerikanische Mordprozessordnung besser als die heimische Zivilgerichtsbarkeit, noch gilt, darf durchaus angezweifelt werden. Auch ist unbestreitbar, dass Europa in vieler Hinsicht eine wirkliche »Kultur-, Geschichts- und Schicksalsgemeinschaft« ist. Die Erfahrungen von Krieg, Vertreibung, Diktatur, Fremdherrschaft und Unterdrückung ist ein gemeinsames europäisches Erbe des unglückseligen 20. Jahrhunderts. Doch hier geht es zunächst um den Stellenwert der Nation, deren Existenz gar nicht geleugnet werden soll.

Strittig ist allerdings, wie sich eine Nation definiert. Ernest Renan hat bereits 1882 die klassischen Definitionen widerlegt – und wie viel wäre Europa im 20. Jahrhundert erspart geblieben, hätte man ihn verstanden! Renan sagte, die Nation könne nicht mit der Rasse gleichgesetzt werden, denn Frankreich sei zugleich keltisch, iberisch und germanisch, Deutschland sei germanisch, keltisch und slawisch. Sie sei auch nicht mit der Sprachgemeinschaft gleichzusetzen, denn sonst seien die Trennungen der USA von Britannien oder Südamerikas von Spanien widersinnig. Auch die Geographie – die so genannten natürlichen Grenzen – tauge nicht zur Beschreibung einer Nation. Ebenso wenig die Religion. Renan zog den Schluss: »Eine Nation ist eine Seele, ein geistiges Prinzip ... eine große Solidargemeinschaft, getragen von dem Gefühl der Opfer, die man gebracht hat, und der Opfer, die man noch zu bringen gewillt ist.«

In diesem Sinn schrieb auch der Vater der modernen Europa-Idee, Richard Coudenhove-Kalergi, im Jahr 1923: »Nationen sind nicht Blutsgemeinschaften – sondern Geistesgemeinschaften; sie gehen nicht leiblich auf gemeinsame Ahnen zurück – aber geistig auf gemeinsame Lehrer.« Coudenhove-Kalergi weiter: »Die Nation ist ein Reich des Geistes.« Der Paneuropa-Gründer folgerte daraus, dass Staat und Nation zu trennen seien: »Jeder Kulturmensch muss daran arbeiten, dass, wie heute die Religion, morgen die Nation zur Privatsache jedes Menschen wird. ... Denn die Nation ist ein Reich des Geistes und kann durch Grenzpfähle nicht begrenzt werden.« Ohne Zweifel ist es mit den Definitionen von Renan und Coudenhove-Kalergi vereinbar, wenn sich jemand zugleich der katalanischen, der spanischen und der europäischen oder der bayerischen, der deutschen und der europäischen Nation zugehörig fühlt. Dies entspricht sicher auch der Lebenswirklichkeit der meisten Zeitgenossen. Warum soll es ein Widerspruch sein, sich als Steirer, Österreicher und Europäer oder als Sizilianer, Italiener und Europäer zu sehen? Die Identität jedes einzelnen Europäers ist vielschichtig: die als Kind erfahrene Familie, Sprache, Religion und Kultur spielt dabei eine zentrale Rolle, doch wird die individuelle Identität auch durch Erfahrungen, neu gelernte Sprachen, Erkenntnisse oder Reisen bereichert. Die Verwobenheit der europäischen Völker und Volksgruppen miteinander, der häufige Wechsel von Grenzen und Herrschaften, die Vielschichtigkeit von Identitäten, die grenzüberschreitenden Stile, Kulturen und Bewegungen, all das lässt uns einerseits den alten Nation-Begriff (im Sinne Renans oder Coudenhove-Kalergis) relativieren, und gibt uns wohl auch das Recht, von einer europäischen Kulturnation zu sprechen.

Wenden wir uns also dem dritten, für einen Staat angeblich konstitutiven Element zu: der Staatsgewalt. Sie ist in den zurückliegenden Jahrzehnten kontinuierlich angewachsen. Mit einigem Recht könnten sich Gründerstaaten der einstigen Montanunion beklagen, sie seien einem lockeren Staatenbund beigetreten und fänden sich nun in einer weitgehend integrierten politischen, wirtschaftlichen und rechtlichen Union wieder.

Zur EGKS von 1951 kamen mit den Römischen Verträgen von 1957 die Europäische Wirtschaftsgemeinschaft und die Europäische Atomgemeinschaft. Die Direktwahl des Europäischen Parlamentes, die Einheitliche Europäische Akte und der Binnenmarkt waren weitere Schritte. Mit dem 1992 verabschiedeten Maastrichter Vertrag und dem 1999 in Kraft getretenen Amsterdamer Vertrag bekam die Union eine neue Qualität. Die gemeinsame Farbe von Führerscheinen oder Reisepässen mag vordergründig als europäische Bewusstseinsbildung abgetan werden, doch geht es dabei auch um hoheitliche Symbole. Die bereits erfolgte Einführung einer gemeinsamen Währung schließlich entzieht der nationalen Staatlichkeit ihr wichtigstes Hoheitsinstrument. Dickstein schreibt mit vollem Recht: »Auch wenn staatliches Zentralgeld in keiner der klassischen Definitionen von Staatlichkeit eine ausdrückliche Rolle spielt, ist es in der Realität das wichtigste Element moderner Staatlichkeit.«

Aus juristischer Sicht hat Michael Dickstein in seinem Werk »Der Verfassungsbegriff der Europäischen Union. En même temps une contribution à la naissance de l'Etat européen« die Frage nach der Staatlichkeit der Europäischen Union wohl abschließend, und zwar positiv, beantwortet. Politisch ist zu konstatieren, dass das herkömmliche Souveränitätsdenken längst nicht mehr der Wirklichkeit unserer Staatenwelt entspricht. Allenfalls können wir heute von geteilten Souveränitäten sprechen, was, wie noch zu zeigen sein wird, mit dem Subsidiaritätsprinzip auch viel besser zu vereinbaren ist. Die Europäische Union weist unzweifelhafte Merkmale von Staatlichkeit auf. Sie besitzt ein von den Unionsbürgern direkt gewähltes Parlament, eine immer mehr zur Regierung heranreifende Administration, ein unabhängiges Gericht, an das sich der Unionsbürger auch gegen seine eigene Regierung wenden kann. In manchen Politikfeldern – etwa in der Außen- und Sicherheitspolitik – arbeitet das vereinte Europa derzeit noch wie ein Staatenbund; in anderen – beispielsweise in vielen Bereichen der Wirtschaftspolitik, des Gesundheitswesens, des Verbraucherschutzes, der Umwelt- und Verkehrspolitik – ist die EU längst ein Bundesstaat.

Man kann die Debatte darüber, ob die EU nun ein Staatenbund oder ein Bundesstaat ist, als irrelevanten Streit um Worte abtun oder von einem Gebilde »sui generis« sprechen. Es gibt auch keinen Anlass, die »Europäische Union« in »Bundesstaat Europa« umzubenennen, doch haben die Europäer ein Recht darauf, zu wissen, in welchem Staat sie leben. Dies verhindert nicht böse Überraschungen, wie sie die Österreicher erlebten, als sie unverhofft mit einem in sich schon absurden EU-Boykott bedroht wurden. Aber es schärft den Blick für die Wirklichkeit und die Herausforderungen, denen Europa entgegengeht. Eben dieser Blick ging dem deutschen Außenminister Joschka Fischer ab, als er Mitte Mai 2000 bei einem Vortrag in Berlin einige Thesen über die »Finalität« der europäischen Integration zum Besten gab.

Der von Fischer wiederbelebte, alte Traum von einem Kerneuropa, das weiter integriert sein könne als das real existierende EU-Europa, ignoriert die heutige politische und verfassungsrechtliche Wirklichkeit Europas. Eine vertiefte Kernunion innerhalb der Europäischen Union zu konstituieren wäre eine Attacke auf das europäische Einigungswerk und seine stufenweise Weiterentwicklung, aber kein Fortschritt. Fischers Vorschlag, der – die bestehenden und gewachsenen Wirklichkeiten ignorierend – eine Art formaler und neuer Europa-Staatsgründung anregt, ignoriert ein Grundprinzip der gesamten bisherigen Einigungsgeschichte, nämlich jenes der Integration, des kontinuierlichen Zusammenwachsens. Der Präsident der Paneuropa-Union und frühere Alterspräsident des Europaparlamentes, Otto von Habsburg, hat dies klassisch so formuliert: »Europa muss wachsen wie ein Baum und darf nicht hingestellt werden wie ein amerikanischer Wolkenkratzer.« Fischers Vorschläge ernst zu nehmen, würde bedeuten, den gewachsenen Baum zu ignorieren, und an seine Stelle einen Wolkenkratzer zu stellen – überdies mit schlechtem Beton und halbfertigem Bauplan.

Das unterschätzte Parlament und ein Zwitter namens Rat

Alle Jahre wieder gerät die an sich wenig spannend scheinende Festlegung des parlamentarischen Sitzungskalenders im Europäischen Parlament zum hochpolitischen Schlagabtausch. Wenn es nämlich um die Festlegung der Sitzungen für das kommende Jahr geht, dann prallen nicht nur die bienenfleißigen und die eher bequemen Europaparlamentarier aufeinander, sondern mehr noch die Straßburg-Anhänger und die Brüssel-Fans. Die einen ringen um den Erhalt jedes Sitzungstages in der idyllischen Metropole des Elsass, die anderen um einen Ausbau von Sitzungstagen in der belgischen Hauptstadt. Das ist kein Fußballmatch mit Regeln und Schiedsrichter, sondern politisches Freistilringen, bei dem es nur darauf ankommt, aufrecht den Ring verlassen zu können.

Dieses Ringen ist an sich schon interessant. Wirklich bemerkenswert ist jedoch ein Detail: Die Abgeordneten Europas sind in der Wahl ihres eigenen Tagungsortes nicht frei. Als sie in den Jahren 1996 und 1997 nur elf Plenarwochen in Straßburg abhielten, verklagten Frankreich und Luxemburg das Parlament vor dem Europäischen Gerichtshof (EuGH). Dieser gab den Klägern recht: Mit Urteil vom 1. Oktober 1997 stellte er fest, dass die Regierungen der Mitgliedsstaaten »Straßburg endgültig als Sitz des Parlamentes festgelegt« hätten. Und weiter: »Das Europäische Parlament ist verpflichtet, zwölf ordentliche Plenartagungen in Strasbourg abzuhalten.« Damit gab der EuGH seinen juristischen Segen zu einem Beschluss des Europäischen Rates von 1992, in dem es heißt: »Das Europäische Parlament hat seinen Sitz in Straßburg. Dort hält es die zwölf monatlich stattfindenden Plenartagungen einschließlich Haushaltstagung ab.« Zur Zeit dieses Urteils gab es das neue, anfangs umstrittene, aber jedenfalls funktionstüchtige »Louise-Weiss-Gebäude« in Straßburg noch nicht. Das Parlament residierte in Untermiete im Plenarsaal des Europarates, während in Brüssel ein gigantomanes Gebäude zur Verfügung stand.

Straßburg, jahrhundertelang Streitpunkt zwischen den zwei größten Mächten im Herzen Europas, ist zum Symbol der deutsch-französischen Aussöhnung und Freundschaft geworden, die für die Einigung Europas von zentraler Bedeutung war und ist. Darüber hinaus hat es den Vorteil, nicht zugleich eine nationale Hauptstadt zu sein. Brüssel wird im Gegensatz dazu nicht nur mit Europa (vor allem mit der Kommission), sondern auch mit dem Königreich Belgien, den zahlreichen Skandalen der dortigen nationalen Regierung und der Nato identifiziert. Auch europapolitisch täte, so meinen viele, eine örtliche Distanzierung vom Sitz der Kommission gut. Der Münchner CSU-Europaabgeordnete Bernd Posselt schrieb an seine Kollegen: »Politisch ist Straßburg zum Synonym für das parlamentarische, antibürokratische, übernationale und regionalistische Europa geworden, im Gegensatz zum bürokratisch-zentralistisch besetzten Begriff Brüssel.«

Kein Wunder also, dass die als »Europäischer Rat« tagenden Staats- und/oder Regierungschefs es sich vorbehielten, ein politisches Zeichen zu setzen. Doch viele Brüssel-Anhänger schimpfen, weil Monat für Monat hunderte von Abgeordneten, Mitarbeitern, Beamten, Lobbyisten und Journalisten zwischen Brüssel und Straßburg pendeln müssen – von den ungezählten, mit Akten beladenen Blechkisten, die auf die Reise gehen, einmal ganz zu schweigen. Und viele Bürger fragen sich: Was ist das eigentlich für ein Parlament, dem von den Regierungen vorgeschrieben wird, wie oft es wo tagen soll?

Die Auffassung, das Europäische Parlament sei eine recht- und machtlose »Quatschbude«, ist weit verbreitet. Als der 68er Revoluzzer Daniel Cohn-Bendit, der frühere Vertreter der deutschen Grünen und heutige Exponent der französischen Grünen im Europaparlament, einmal mit diesem Vorurteil konfrontiert wurde, konterte er schlagfertig: »Natürlich, alle Parlamente sind Quatschbuden!« In der Tat jedoch unterscheidet sich das Europaparlament in mancher Hinsicht von nationalen Parlamenten. Es ist vielsprachiger und sicher vielfältiger, es kennt keine klassische Spaltung in Regierungs- und Oppositionsparteien, kein Gegenüber zu einer Regierung, die von ihm abhinge und auch (fast) keinen Fraktionszwang.

Doch spätestens seit dem erzwungenen Rücktritt der Kommission unter Jacques Santer im Jahr 1999 ist klar, dass das Straßburger Parlament kein harmloser Club für freundliche Sonntagsredner ist, sondern ein starker Mitspieler unter den europäischen Institutionen. Das Parlament hat trotz aller inneren Zerrissenheit und des erheblichen Drucks von manchen nationalen Regierungen bewiesen, dass es zu einer reinigenden Krise Europas bereit ist. Viele wollten den Rücktritt der Santer-Kommission – letztlich ausgelöst durch die Arroganz und mangelnde Schuldeinsicht der im Sumpf der Vetternwirtschaft verfangenen französischen Kommissarin Edith Cresson – verhindern, weil sonst mindestens ein halbes Jahr absoluter Stillstand in der Union herrsche. Im Nachhinein kann man sagen, dass das reinigende Gewitter gut war. Das Verhältnis zwischen Europaparlament und EU-Kommission ist offener und partnerschaftlicher, die Union insgesamt ein Stück transparenter und reformwilliger geworden.

Durch den Amsterdamer Vertrag wurde das Europäische Parlament rechtlich gestärkt, durch den erzwungenen Rücktritt und die Neueinsetzung der Kommission politisch. Für alle Rechtsakte legislativer Art gilt nun grundsätzlich das Mitentscheidungsverfahren, nicht das Zustimmungsverfahren. Der neue Kommissionspräsident Romano Prodi, der monatelang um die Gunst der Abgeordneten für seine Mannschaft buhlen musste, weiß, dass er das Parlament pflegen und auf seinen Rat Wert legen muss. Die kaltschnäuzige Blockadepolitik, die einem Jacques Santer letztlich politisch das Kreuz brach, wird sich kein künftiger Kommissionspräsident mehr erlauben können. Die Gewichte haben sich verschoben.

In den ersten Monaten des direkt gewählten Europäischen Parlamentes riefen gaullistische Europaabgeordnete sprechchorartig »assemblée, assemblée!« (Versammlung), wenn jemand im Straßburger Plenum von

»parlement« sprach. Eine bloße Versammlung, aber kein richtiges Parlament sollte es sein. Solch staatenbündisches Denken ist längst überholt. Das Europäische Parlament ist ein untypisches, aber ein echtes Parlament. Es beschließt den Haushalt und wirkt entscheidend an der Gesetzgebung mit. Wer heute die Tagesordnungen des Europäischen Parlamentes liest, kann leicht erkennen, dass dieses längst ein recht normaler Gesetzgeber geworden ist: Da wird über die Einfuhr von Knoblauch aus Drittländern oder über die Arbeitszeitordnung für Seeleute abgestimmt, über den Kakaobuttergehalt in Schokolade oder über ein Werbeverbot für Tabakwaren befunden, da werden Handels- und Kooperationsabkommen mit Drittstaaten verabschiedet und außenpolitische Resolutionen gefasst.

Jede Stärkung des Parlamentes ist ein Schritt zur »Demokratisierung des europäischen Aufbaus«, wie die Präsidentin des Europäischen Parlamentes, Nicole Fontaine, es formulierte. Fontaine machte bereits in ihrer Eröffnungsansprache im Juli 1999 klar, dass das Parlament gegenüber dem Rat seine durch den Amsterdamer Vertrag hinzugewonnenen Rechte voll ausschöpfen werde. Künftig werde es keine legislativen Akte ohne die Zustimmung des Parlamentes mehr geben. Und der Rat könne nur dann auf das Parlament zählen, wenn den Anliegen der Bürger Rechnung getragen werde.

Tatsächlich hat die Parlamentarisierung und Demokratisierung der Europäischen Union in den zurückliegenden zwanzig Jahren kontinuierlich Fortschritte gemacht. Auch der – durch das neue Selbstbewusstsein der stärker gewordenen christdemokratischen EVP-Fraktion – schärfer gewordene Ton zwischen den Fraktionen des Parlamentes ist ein Beitrag zur parlamentarischen Normalisierung. Als zweitstärkste Fraktion siechte die EVP fünf Jahre lang unter dem Vorsitz des früheren belgischen Ministerpräsidenten Wilfried Martens dahin und degenerierte in vielen Fragen zum Juniorpartner der Sozialisten unter der Führung der einstigen Londoner Polizistin Pauline Green. Mit der Europawahl im Juni 1999, die die christdemokratische EVP-Fraktion zur stärksten des Hauses machte, übernahm der CDU-Abgeordnete Hans-Gert Pöttering die Führung. Der Wunsch des SPD-Abgeordneten und Vizepräsidenten des Parlamentes, Gerhard Schmid, seine Kollegen sollten »mehr Biss und Schärfe in die Plenardebatten bringen und Konflikte stärker als bisher politisch zuspitzen«, ist dank Pöttering mittlerweile in Erfüllung gegangen.

Diese Entwicklung ist nur natürlich. Vielleicht waren große Koalitionen aller pro-europäischen Kräfte notwendig, solange das Projekt Europa grundsätzlich gefährdet war. Doch diese Zeiten sind vorbei. Heute geht es nicht mehr darum, ob ein vereintes Europa entsteht oder nicht, denn es ist längst eine politische Wirklichkeit. Heute geht es tagtäglich um den Kurs des vereinten Europa. Nicht »Wollen wir ein einiges Europa?«, sondern »Welches Europa wollen wir?« ist die Frage unserer Tage. Es ist deshalb auch unsinnig, wegen der einen oder anderen Entscheidung einer europäischen Institution gegen Europa zu sein. Das Projekt Europa kann nicht von der Sinnhaftigkeit einzelner Richtlinien oder Entschließungen abhängen, so wenig die Existenz

Deutschlands oder Österreichs von der Qualität der dortigen Regierungsentscheidungen oder Parlamentsbeschlüsse abhängt. Viele Menschen äußern sich antieuropäisch, weil ihnen ein Beschluss der Kommission oder eine Stellungnahme des Parlamentes missfällt. Gleichzeitig käme aber niemand auf die Idee, gegen die Bundesrepublik Deutschland oder gegen die Republik Österreich zu sein, weil die jeweilige Bundesregierung einen Unsinn beschloss oder das Parlament ein absurdes Gesetz verabschiedete. Selbst in Bayern fordert kaum einer den Austritt aus Deutschland, bloß weil die in Berlin alles falsch machen (wie man in bayerischen Wirtshäusern seit Ludwig Thomas Zeiten traditionell hin und wieder raunzt).

Die Frage ist jedoch, wie Transparenz und demokratische Kontrolle in der Europäischen Union gestärkt werden können, damit das vielen so ferne Europa bürgernäher erscheint und tatsächlich auch wird. Der britische Außenminister Robin Cook äußerte im Sommer 1998 den Vorschlag, dem Europäischen Parlament eine zweite Kammer zur Seite zu stellen, die aus Abgeordneten der 15 nationalen Parlamente bestehen sollte. Ähnlich äußerte sich im Februar 2000 in Straßburg der Präsident der Tschechischen Republik, Vaclav Havel. Im Mai 2000 entwickelte Joschka Fischer ganz ähnliche Ideen. Cooks Begründung war: »Das Europäische Parlament macht seinen Job sehr gut, doch es gibt bislang noch kein Verbindungsglied, das die nationalen Parlamente mit jenem in Brüssel verbindet.« Ähnliche Vorschläge kamen interessanterweise vom früheren konservativen britischen EU-Kommissar Leon Brittan.

Cooks Vorschlag enthält zwei Denkfehler: Erstens hat sich das Europäische Parlament genau aus jenem Gebilde heraus entwickelt, das der britische Außenminister jetzt erneut gründen möchte. Bis 1979 saßen im Europaparlament nur entsandte Abgeordnete der damals neun nationalen Parlamente. Durch die Direktwahl hat das Europäische Parlament jedoch nicht an demokratischer Legitimität verloren, sondern diese erst errungen. Nationale Abgeordnete sind durch ihre Wahl mit der nationalen Gesetzgebung beauftragt, nicht mit der europäischen. Cooks Vorschlag weist in eine längst überwundene, rein staatenbündische Epoche zurück.

Außerdem ist die nationale Ebene auch heute schon in die europäische Gesetzgebung einbezogen, was im Geiste des Föderalismus durchaus sinnvoll ist. Denn es gibt ja die geforderte zweite gesetzgebende Kammer. Es ist der Rat der EU, in dem die nationalen Minister (im »Allgemeinen Rat« die Außenminister, im »Europäischen Rat« die Staats- und/oder Regierungschefs) für die Europäische Union gesetzgebend und richtungsweisend wirken. Man könnte den Rat als eine Art »Staatenkammer«, das Europäische Parlament als die »Völkerkammer« der europäischen Legislative bezeichnen, wenn man die Ausdrücke »Oberhaus« und »Unterhaus« auf der Insel belassen möchte. Eine solche Zweigliedrigkeit der Legislative ist auch durchaus sinnvoll, ist doch die Europäische Union – wie das Europaparlament jüngst betonte – zugleich eine Union der Völker und der Staaten. Hierbei repräsentiert das Europäische Parlament die Union der Völker, während sich im Rat die Union der Staaten spiegelt.

Das Problem ist, dass der Rat in der Union zugleich Teil der Legislative und auch der Exekutive sein will. Eine Reform der europäischen Institutionen müsste diesen Verstoß gegen die Grundprinzipien der Gewaltenteilung beseitigen. Der Rat müsste seine exekutivischen Befugnisse ganz an die Kommission abgeben, um die glaubwürdige zweite Kammer der europäischen Legislative zu sein. So ist es beispielsweise auch in Deutschland: Der demokratisch legitimierte Bundestag ist die erste gesetzgebende Instanz, der von den Landesregierungen – nicht, wie in Österreich oder in Cooks Vorschlag, den Länder-Parlamenten – gestellte Bundesrat ist die zweite. So wäre eine klare Gewaltenteilung erreicht und die Gesetzgebung würde dem demokratischen wie dem föderalistischen Prinzip entsprechen.

Der viel beklagte Mangel an Transparenz in der Union hat seine Ursache vor allem darin, dass die im Rat versammelten Vertreter der nationalen Regierungen hinter verschlossenen Türen tagen. Niemand weiß, wer für so zustande gekommene Entscheidungen wirklich die Verantwortung trägt. Diese Art der Geheimkonsultationen entspricht wohl einer Kabinetts- oder Regierungspolitik, nicht aber den Grundsätzen des Parlamentarismus. Doch auf der europäischen Ebene sind die nationalen Regierungsvertreter plötzlich Legislativorgan, nicht Regierung. Wenn aber der Rat eine Kammer der Gesetzgebung in der EU ist, dann muss er öffentlich tagen. Eine Aufteilung des Rates in einen »Exekutivrat« und einen »Legislativrat«, wie es im ursprünglichen Vorschlag der Europaabgeordneten Dimitrakopoulos und Leinen angeregt wurde (aber letztlich im Europäischen Parlament keine Mehrheit fand), wäre zumindest ein kleiner Schritt in die richtige Richtung.

Immerhin ist man sich unter den Regierungen der EU-Mitgliedsstaaten darüber einig, dass der Rat selbst einer Reform bedarf. Reformiert werden sollen die Stimmenwägungen im Rat und das unselige Veto-Recht, das den entscheidenden Schwachpunkt der Konstruktion darstellt. Das Veto kann seinen Sinn nur in jenen Bereichen haben, die eigentlich der nationalen Gewalt zustehen, aber auf der Ebene der Gemeinschaft koordiniert werden sollen. Im Bereich der europäischen Zuständigkeiten macht das Veto-Recht die Union insgesamt für Einzelmitglieder erpressbar, wie es sich in der Vergangenheit immer wieder gezeigt hat. Frankreich und Großbritannien haben bereits angedeutet, was eine Blockade des Rates bedeuten könnte. Man kann sich vorstellen, wie handlungsunfähig die Europäische Union sein wird, wenn nicht nur 15, sondern 27 nationale Regierungen in Brüssel ihr Veto einlegen können. Das Prinzip der doppelten Mehrheit im Rat, also der Notwendigkeit, für einen Beschluss die Mehrheit der Staaten und der in ihnen repräsentierten Bevölkerungen zu gewinnen, weist den richtigen Weg. Deshalb ist es dringlich, die Reform der Institutionen, vor allem aber des Rates, noch vor dem nächsten Erweiterungsschritt zu vollziehen, wie dies von der Regierungskonferenz geplant ist. Damit würde auch bei den beitretenden Staaten größere Klarheit über die geltenden Spielregeln der Union herrschen.

Die Beinahe-Regierung: Kommission und Mr. GASP

Der damalige US-Außenminister Henry Kissinger fragte vor vielen Jahren spöttisch, welche Telefonnummer das vereinte Europa denn habe. Er wollte sich damit über die verwirrende Vielfalt von Zuständigkeiten und Kompetenzen im sich vereinigenden Europa lustig machen und wahrscheinlich auch gleichzeitig den Unterschied zwischen den USA und der damaligen EG herausstellen. Hätte man damals dem amerikanischen Außenminister noch eine lange Liste von Telefonnummern überreichen müssen, so genügen mittlerweile vier: Für die Außenpolitik der EU sind nur noch der Mr. GASP Javier Solana, der Präsident der EU-Kommission Romano Prodi, der für Außenpolitik zuständige Kommissar Chris Patten und der Außenminister des gerade den Rat präsidierenden Landes zuständig. Daneben würden aber auch noch 15 Regierungschefs, 14 weitere Außenminister, einige Staatsoberhäupter, die Präsidentin des Europäischen Parlamentes und eine unüberschaubare Zahl von Botschaftern darauf drängen, auf der oben genannten, fiktiven Liste zu stehen.

Trotz aller Bemühungen ist die Europäische Union bis heute ein wirtschaftlicher Riese und zugleich ein politischer Zwerg. In den blutigen Eroberungskriegen, die der serbische Diktator Slobodan Milošević fast ein Jahrzehnt lang gegen die Nachbarn der Serben führte, wurde dies überdeutlich. Die Europäische Union war und ist zwar in der Lage, wegen Bananen oder Hormonfleisch erbitterte Handelskriege gegen die USA auszutragen, doch verlässt sie sich gleichzeitig darauf, dass Washington für die Europäer die heißesten Kohlen aus dem Feuer der Weltpolitik holt. Aus dieser offensichtlichen Not heraus haben die 15 nationalen Regierungen in der Europäischen Union sich dazu durchgerungen, außenpolitisch immer mehr mit einer Stimme sprechen zu wollen. Dies war die Geburtsstunde des »Mister GASP«, des »Hohen Vertreters für die Gemeinsame Außen- und Sicherheitspolitik«, des möglicherweise ersten Außenministers der Europäischen Union. Ihm wurde dadurch ein besonderes Gewicht gegeben, dass er zugleich Generalsekretär des Rates und der Westeuropäischen Union wurde, womit die angestrebte Verschmelzung von EU und WEU eingeleitet werden sollte.

Der spanische Sozialist Javier Solana, der sein neues Amt in Brüssel am 18. Oktober 1999 antrat, ist nach dem Wunsch der Regierungen »Gesicht und Stimme« der Außen- und Sicherheitspolitik der EU. Doch viele Entscheidungen im Bereich der Außenpolitik behalten sich die 15 nationalen Regierungen bislang selbst vor. Der Europäischen Kommission, die sich selbst – wie Prodi mehrfach betonte – als Europa-Regierung sieht, gilt Solana eher als Konkurrent. In ihren Augen ist der britische Kommissar Chris Patten der Außenminister der Union.

Bei seinem ersten Auftritt im Plenum des Europäischen Parlamentes sagte der frühere NATO-Generalsekretär Solana im Oktober 1999, die Bürger erwarteten, dass Europa auf Krisenfälle schnell und effizient reagiere. Wenn Europa den Platz in der Weltpolitik einnehmen wolle, der ihm zukomme, dann brauche es mehr als Absichtserklärungen, nämlich die Fähigkeit zu handeln. Eine wirkungsvollere, in sich logischere Außen- und Sicherheitspolitik sei nötig, »um unsere Werte zu verteidigen und unsere Interessen zu wahren«, sagte Solana in Straßburg. Die Existenz und moralische Statur Europas hänge davon ab, ob es in Krisenzeiten internationale Handlungsfähigkeit beweise. Für das ganze Spektrum von Krisenbewältigungsmitteln gelte es Instrumente zu entwickeln, sagte Solana, der von diplomatischer Krisenprävention sprach, aber auch keinen Zweifel daran ließ, dass er auch militärische Mittel meint. Es bestehe im Rat der EU der politische Wille, zu entscheiden, worin die militärischen Kapazitäten Europas bestehen sollen. Noch von seiner Aufgabe bei der NATO geprägt und an die Sensibilitäten mancher neutralen EU-Mitgliedsstaaten noch nicht gewöhnt, sprach Solana von der engen Zusammenarbeit mit »unseren Verbündeten«, die nicht der Europäischen Union angehören. Für die Glaubwürdigkeit gegenüber den »Bündnispartnern« (gemeint ist: in der NATO) müssten die Militärkapazitäten Europas gestärkt werden. Um an operativen Maßnahmen effizient teilnehmen zu können, bedürfe es einer multilateralen Aufgabenverteilung.

Jetzt sei der Moment gekommen, in der europäischen Integration politische, auch sicherheitspolitische Fortschritte zu machen, meinte Solana. Die Kapazitäten der

Europäischen Union und ihrer Mitgliedsstaaten müssten zusammengelegt werden. Der Mr. GASP bot dem Europäischen Parlament eine weitestgehende Zusammenarbeit an und beschwor die enge Kooperation mit der EU-Kommission. Letzteres dürfte ein nicht reibungsfreier Prozess werden. Die Frage ist nämlich, ob die Gemeinsame Außen- und Sicherheitspolitik eine Angelegenheit der intergouvernementalen – also zwischenstaatlichen – Kooperation ist oder gemeinschaftlich wahrgenommen wird. Der Rat, dessen Generalsekretär Solana in Personalunion ist, bildet in der EU das zwischenstaatliche oder staatenbündische Element, während die Kommission das gemeinschaftliche oder bundesstaatliche Element ist. In beiden Institutionen gibt es nun einen offiziellen EU-Außenminister: Solana im Rat, den Briten Chris Patten in der Kommission.

EVP-Vorsitzender Hans-Gert Pöttering, der die Außenpolitik von der zwischenstaatlichen auf die gemeinschaftliche Ebene heben will, meinte: »Solana und Patten müssen sich eng abstimmen. Wenn Solana erfolgreich ist, dann ist das auch ein Erfolg der Europäischen Union.« Pöttering erinnerte daran, dass die Kommission nach Artikel 18 des EU-Vertrages voll in die gemeinsame Außen- und Sicherheitspolitik einzubinden ist. Patten, als einst letzter Vertreter der britischen Krone in Hongkong ein geübter Diplomat, steckte von Anfang an sein Terrain ab: In der Kommission gebe es die Erfahrung und die Mittel für die nicht-militärische Dimension der Sicherheit. Es sei darüber hinaus aber ein verzahntes Arbeiten von Diplomatie und Militär nötig, um Konflikte zu verhüten. Die Kommission wolle

»flexiblere und zügigere Verfahren entwickeln« und selbst die nicht-militärische Komponente im Krisenmanagement sein. Wollte Patten damit Solana auf die militärische Komponente einengen?

Undenkbar ist jedenfalls, dass die von Romano Prodi mehrfach als Europa-Regierung bezeichnete Kommission sich die außenpolitischen Agenden ganz entziehen lassen will. Die Kommission ist schon lange nicht mehr eine bloße Administration, die sich darauf beschränkt, »Hüterin der Verträge« zu sein. Spätestens seit dem Amtsantritt Prodis ist sie eine Art Regierung der Europäischen Union in all jenen Kompetenzen, die der Union zukommen. In diesem Streben kann sie sich trotz aller Differenzen auf die Rückendeckung des Europäischen Parlamentes verlassen, das kein Interesse daran hat, die Kommission zu schwächen. Um ihren stetig gewachsenen Aufgaben jedoch gerecht zu werden, bedarf die Kommission tiefgreifender Reformen. Prodi und seine Mannschaft wissen das sehr wohl. Ob sie die Kraft, das Durchhaltevermögen und den langen Atem haben, gegen einen starken Beamtenapparat und andere beharrende Kräfte die Reform durchzuziehen, bleibt abzuwarten.

Ein erster Schritt, die Kommission effizienter zu machen, wurde mit dem Vertrag von Amsterdam bereits getan. Hier wurde die Stellung des Kommissionspräsidenten gestärkt, der nun seine Kommissare (die besser wohl als EU-Minister zu titulieren wären) »im Einvernehmen« mit den Regierungen auswählt. Zugleich wurde die parlamentarische Kontrolle gestärkt, da zuerst der Kommissionspräsident und nach Anhörungen auch das Gesamtkollegium der Kommission sich die Zustimmung des Europäischen Parlamentes holen muss. Der nächste Schritt könnte sein, dass der Kommissionspräsident nicht mehr durch das Gekungel der nationalen Regierungen auserkoren wird, sondern durch das Europäische Parlament bestellt wird. In einem Beschluss des Europaparlaments vom 13. April 2000 wird gefordert: »Das Parlament wählt den Präsidenten der Kommission unter den vom Rat vorgeschlagenen Kandidaten.« Vor der Einigung auf Prodi hat die Sozialdemokratie bereits einmal darüber nachgedacht, den früheren spanischen Ministerpräsidenten Felipe González zum europaweiten Spitzenkandidaten der SPE bei den Europawahlen 1999 aufzustellen, um ihn anschließend zum Kommissionspräsidenten zu machen. Unabhängig von einer Bewertung der Person ist dieses Prinzip einsichtig, denn auch die meisten nationalen Regierungschefs erringen ihr Amt durch einen Sieg bei den Parlamentswahlen. Warum könnte dieses Modell nicht auch in der Union gelten?

In einem gemeinsamen Vorschlag für die Reform der EU schreiben der frühere deutsche Bundespräsident Richard von Weizsäcker, der ehemalige belgische Ministerpräsident Jean-Luc Dehaene und der frühere britische Minister David Simon über die Rolle des Kommissionspräsidenten: »Der Präsident sollte noch stärker als bisher effektiven Einfluss auf die Ernennung und Auswahl der Kommissionsmitglieder haben. Er sollte die klare Organisations-, Koordinierungs- und Richtlinienkompetenz für die Arbeit der Kommission besitzen.« Ein Argument mehr, seine Ernennung den nationalen

Regierungen zu entziehen und – über die Europawahl – zu demokratisieren! Auch die – gerade angesichts der bevorstehenden Osterweiterung – vieldiskutierte Frage einer Verkleinerung der Kommission hat Weizsäcker, Dehaene und Simon beschäftigt. Derzeit stellt jedes Mitgliedsland einen Kommissar, die ganz großen sogar zwei. Dies würde mit der Erweiterung zu einem unerquicklichen Anschwellen der Kommission führen und nährt überdies das – etwa in Österreich stark verbreitete – Missverständnis, der Kommissar habe die Anliegen seines Heimatlandes zu vertreten. Doch das darf er ebenso wenig wie ein aus der Steiermark stammender Bundesminister in Wien steirische oder ein aus Baden-Württemberg stammender Bundesminister in Berlin badische und württembergische Interessen vertreten kann. Sehr richtig schreiben Weizsäcker, Dehaene und Simon deshalb: »Die Kommission ist jedoch keine Versammlung aus Vertretern der einzelnen Mitgliedsstaaten und darf dies auch nicht werden.«

Eine mit den Jahren immer stärker gewordene Kommission bedarf aber auch einer immer perfekteren Kontrolle. Wenn die Kabinette oder das Kollegium der Kommissare tagtäglich Entscheidungen treffen, die einzelne Bürger, Unternehmen oder Wirtschaftszweige und Mitgliedsstaaten unmittelbar angehen, wenn die Kommission jährlich mehr als tausend Verfahren wegen Vertragsverletzung einleitet und zumindest öfter als hundertmal vor dem Europäischen Gerichtshof Klage führt, dann darf es kein unkontrolliertes Eigenleben des bürokratischen Apparates und keine Selbstherrlichkeit von Kommissaren geben. Die Santer-Kommission war mit Persönlichkeiten belastet, die eine parlamentarische Kontrolle durch das Europäische Parlament rhetorisch (wie die Dänin Ritt Bjerregaard) oder faktisch (wie die Französin Edith Cresson) ablehnten. Solche Fälle werden sich nach dem Niedergang des glücklosen Santer wohl kaum wiederholen. Eine gestärkte Europa-Regierung muss sich auch vermehrt auf die Finger schauen lassen. Viel Macht ruft nach viel Kontrolle!

Europa in schlechter Verfassung

Was politische Beobachter seit langem kritisieren, ist mittlerweile bei den Entscheidungsträgern in der Europäischen Union zur Erkenntnis gereift: Der Amsterdamer Vertrag und die Ergebnisse der letzten Regierungskonferenz waren völlig ungenügend. Die aus einer Wirtschaftsgemeinschaft von sechs Staaten zur politischen Union von 15 Mitgliedern gereifte EU muss ihre Institutionen einer grundlegenden Reform unterziehen, wenn sie für die bevorstehende Erweiterung fit sein möchte. Der EU-Gipfel von Köln beschloss deshalb, für die Dauer des Jahres 2000 eine Regierungskonferenz einzuberufen, um die in Amsterdam versäumte institutionelle Reform durchzuziehen. Die bevorstehende Erweiterung, die die »Nagelprobe für die Stabilität des europäischen Einigungswerkes« sei, werde damit zu »Chance und Hebel für eine grundlegende Reform der Union«, befand damals das Europäische Parlament in Straßburg.

Worum es bei der Regierungskonferenz gehen muss, das wurde in Straßburg so definiert: Die Union müsse »effizienter, transparenter und demokratischer gestaltet werden«. Damit würde die Legitimität der EU in den Augen ihrer Bürger steigen, die Erweiterung zu meistern sein und die weltpolitische Rolle Europas gestärkt werden, so ist das Europaparlament überzeugt. Das Parlament forderte zugleich die Eröffnung eines »verfassungsgebenden Prozesses«. Die bisherigen, schwer lesbaren Texte sollten in einem einzigen Text vereint werden, in dem die Ziele der Europäischen Union, die Bestimmungen über Organe und Entscheidungsverfahren sowie die verschiedenen Zuständigkeiten klar dargestellt werden. Noch konkreter wurde das Europäische Parlament im April 2000, als es forderte, die Verträge in einem zweigliedrigen Text zusammenzufassen: Ein »Teil A« sollte Bestimmungen verfassungsrechtlicher Art, wie die Präambel, eine Definition der Ziele der Union, die Charta der Grundrechte und einen Kompetenzkatalog enthalten, ein »Teil B« alle anderen, in den gegenwärtigen Verträgen enthaltenen Bestimmungen.

Ganz in diesem Sinn forderte auch der damalige CDU-Vorsitzende und Fraktionsvorsitzende der CDU/CSU im Deutschen Bundestag, Wolfgang Schäuble, bei einem Kurzbesuch in Straßburg vor Journalisten eine »Art Verfassungsvertrag« für die EU und eine deutliche »Kompetenzfestlegung zwischen Europäischer Union und Mitgliedsstaaten«. Wie die von ihm geforderte »Kompetenzabgrenzung« mit der gleichzeitig als notwendig bezeichneten »Vertiefung« einhergehen soll, erläuterte Schäuble nicht. Ähnlich hatte auch Bayerns Ministerpräsident Edmund Stoiber im November 1999 geklagt, dass Europa »noch immer keine Verständigung« über die Ziele und Aufgaben einer weiteren Integration und die dafür nötigen Instrumente und Institutionen erreicht habe. Stoiber forderte wörtlich »eine exakte Abgrenzung der Kompetenzen zwischen der Europäischen Union und den Mitgliedsstaaten beziehungsweise den Regionen«. Seine Begründung: »Der Bürger muss wissen, wer für was politische Verantwortung trägt. Der Bürger muss wissen, an wen er sich mit seinen Anliegen wenden kann, wen er für Missstände zu kritisieren hat.«

Dieses Anliegen ist sicher berechtigt, denn nicht nur für viele Bürger, sondern auch für viele Politiker ist unüberschaubar geworden, was heute faktisch in Brüssel (und Straßburg) und was in Berlin, Wien, Paris oder London entschieden wird. Die Fülle europäischer Interventionen in den Alltag der EU-Bürger, die Masse von Verordnungen und Richtlinien, von Auslegungen der Kommission und Urteilen des Europäischen Gerichtshofes (EuGH) ruft geradezu nach mehr Transparenz. Was vielen Unionsbürgern gar nicht bewusst ist, formulierte die deutsche Bundesjustizministerin Herta Däubler-Gmelin in einem großen Beitrag in der FAZ am 10. Januar 2000 so: »Der gegenwärtige Stand der europäischen Einigung lässt sich gut am Umfang des europäischen Rechts ablesen: Allein das europäische Primärrecht umfasst heute mehr als 1000 Artikel; auch in der Bundesrepublik sind weit über die Hälfte aller Gesetze und sicher mehr als drei Viertel der Wirtschaftsgesetze durch europäisches Recht bestimmt.«

Wie weit auch der EuGH seine Rechtsprechungs-Kompetenz auslegt, konnte die deutsche Bundesregierung im Januar 2000 erfahren: Im Fall der deutschen Elektronikerin Tanja Kreil, der eine Laufbahn als Waffentechnikerin in Deutschland unter Berufung auf das Grundgesetz verwehrt worden war, entschieden die

Luxemburger Richter, dass sich die deutsche Gesetzgebung dem europäischen Recht anzupassen habe. Frauen dürften nicht, wie es das Grundgesetz vorsieht, generell von bewaffneten Einheiten der Bundeswehr ausgeschlossen werden. Dies verstoße nämlich gegen die europäische Richtlinie zur Gleichbehandlung von Frauen und Männern im Arbeitsleben. Die Argumentation der deutschen Regierung, das europäische Gemeinschaftsrecht könne auf Fragen der Landesverteidigung nicht angewandt werden, weil dies nationale Zuständigkeit sei, wischten die Richter vom Tisch: Weil der Grundsatz der Gleichbehandlung »allgemeine Geltung« habe, sei die EU-Richtlinie »auf öffentlich-rechtliche Dienstverhältnisse anwendbar«. Mit anderen Worten: Europäisches Recht bricht nationales Recht auch dort, wo es um Politikbereiche geht, die eindeutig und unbestritten in die nationale Kompetenz fallen!

Der prinzipielle Vorrang des Gemeinschaftsrechts vor dem nationalen Recht ist, wie der damalige CDU-Europaabgeordnete und heutige Generalanwalt am EuGH, Siegbert Alber, bei einer seiner letzten Reden im Europäischen Parlament im Oktober 1997 betonte, »eigentlich nicht fixiert, weder im Vertrag noch an anderer Stelle«. Alber fügte hinzu: »Aufgrund der europarechtlichen Situation kann man zu gar keinem anderen Urteil kommen, als den Vorrang des Gemeinschaftsrechts zu bejahen und natürlich in der Auslegung hier die Rolle des EuGH zu betonen.« Und weiter: »Inzwischen hat das Zusammenwachsen der Völker eine solche Dichte angenommen, dass eo ipso das Europarecht Vorrang hat, ohne dass es einer vertraglichen Änderung oder einer Aufnahme in den Vertrag bedarf.« Nationale Gerichte hätten deshalb nicht die Kompetenz, Akte der Gemeinschaft für ungültig zu erklären, erläuterte Alber. Die Gerichtsbarkeit über die Verbindlichkeit von Gemeinschaftsrecht liege deshalb ausschließlich beim EuGH.

Ein Kompetenz-Katalog, in dem nationale von europäischen Zuständigkeiten säuberlich gesondert sind, ist deshalb die Forderung vieler. Andererseits hätte es die Entwicklung der Integration, die in den letzten Jahrzehnten in sich beschleunigendem Tempo voranschritt, sicher nicht gegeben, wenn man irgendwann eine Festschreibung der Kompetenzen durchgesetzt hätte. In einem Kompetenzkatalog des Jahres 1980 wäre vermutlich die Währungspolitik, der Kampf gegen Asylmissbrauch und Drogenhandel, erst recht die Außen- und Sicherheitspolitik der nationalen Souveränität zugeteilt worden. Das heißt, es hätte keinen Euro, kein Europol, keinen Mr. GASP gegeben. Sind wir heute schon so weit, den Prozess der Integration abzuschließen und ein für allemal festzuschreiben, welche Politikfelder der nationalen oder der europäischen Ebene zuzuschreiben sind – und welche eventuell auch gemeinsam wahrgenommen werden können?

Ähnliches gilt für das Projekt einer Europäischen Verfassung. Hierzu gab es viele Anläufe: die von Altiero Spinelli angeregte Crocodil-Initiative von 1984, einen EVP-Entwurf 1988 und den Herman-Plan 1993. Der tschechische Staatspräsident Vaclav Havel forderte bei einer Rede im Europäischen Parlament im Februar 2000 eine übersichtliche, allgemein verständliche Verfassung, die selbst Schulkinder verstehen können. In einem ersten Teil sollen laut Havel die Grundrechte und Grundpflichten der europäischen Bürger und Staaten festgeschrieben werden, im zweiten Teil die Beziehungen der Institutionen untereinander. Dass das vereinte Europa auf Dauer ohne eine offiziell verabschiedete Verfassung auskommen kann, glauben – abgesehen von den Briten mit ihrer ganz anderen Verfassungstradition – die wenigsten. Umstritten ist eher, ob der Zeitpunkt dafür schon reif ist.

Sicher ist ja, dass die Union auch heute nicht der Anarchie preisgegeben ist, sondern über klar definierte Verträge und, dank Europäischem Gerichtshof, auch über Richterrecht verfügt. Viele Verfassungsrechtler gehen so weit zu behaupten, dass die EU damit bereits eine Verfassung habe, zumal ihre Organe selbst nicht über die Verträge verfügen können. Verfassungsentwürfe aus der Schublade hat es immer wieder gegeben und über die Frage einer europäischen Verfassung wurde stets viel und kontrovers diskutiert. Für etwas Geduld sprechen auch zwei politische Argumente: Einerseits sollte die von allen Seiten geforderte Reform der bestehenden Union zuerst abgeschlossen werden; andererseits ist fraglich, ob die heutige EU sich schnell noch eine Verfassung geben sollte, bevor die derzeit 12 offiziellen Beitrittskandidaten Einzug halten. Vielleicht entspräche es doch dem europäischen Demokratieverständnis besser, dass auch jene Völker, die in wenigen Jahren der Union angehören werden, ihre Verfassungstraditionen und ihre Überlegungen in den Prozess einbringen können.

Angesichts der Kontroversen, die dieses Thema regelmäßig auslöst, ist es umso erstaunlicher, dass ein damit in enger Verbindung stehendes Projekt im Dezember 1999 nahezu unter Ausschluss der Öffentlichkeit, zumindest ohne eine breite mediale oder gesellschaftliche Diskussion, startete: Der »Konvent für eine Europäische Grundrechtscharta«, der in Jahresfrist, bis etwa Ende 2000, einen Entwurf ausarbeiten soll. 62 Vertreter von Europäischem Parlament, nationalen Parlamenten und Regierungen, Kommission und EuGH sollen sich über die gemeinsamen Grundrechte einigen, auf denen die Union ruht. Die Versammlung wählte den früheren Präsidenten des deutschen Bundesverfassungsgerichtes und Deutschlands Alt-Bundespräsidenten Roman Herzog per Akklamation zu ihrem Vorsitzenden und erarbeitet nun unter Herzogs straffer Führung einen Grundrechtskatalog.

Als der Europäische Rat im Juni 1999 in Köln beschloss, eine Grundrechtscharta für die Europäische Union erarbeiten zu lassen, gab es über Ziel und Sinn des Unternehmens bereits unterschiedliche Ansichten. Vor allem die britische Regierung, die die Union als Bund selbstständiger Nationalstaaten definiert, lehnte eine Aufnahme einer künftigen Grundrechtscharta in den EU-Vertrag ab. Von einer baldigen europäischen Verfassung will man in London schon gar nichts wissen. Anders auf dem Kontinent, wo zunehmend begriffen wird, dass die Europäische Union bereits heute so viel Staatsqualität besitzt, dass sie einer Verfassung würdig wäre. Wenn dies aber der Fall ist, wenn die zur wirtschaftlichen, politischen und rechtlichen Gemeinschaft herangereifte Union eine Verfassung – wie immer diese auch tituliert werden wird – bekommen soll, dann ist es nur naheliegend, mit einer Auflistung der wesentlichen Grundrechte zu beginnen.

Roman Herzog, der Präsident des Konvents, weiß, wie viele Fallstricke auf diesem Weg noch zu umgehen sind und ist deshalb auf Konsens bedacht: »Ich würde für eine europäische Verfassung nur plädieren, wenn ich wüsste, dass die europäischen Völker schon so zusammengewachsen sind, dass das eine Volk, das möglicherweise von anderen überstimmt werden würde, sich dem freiwillig und eigentlich fröhlich unterordnen könnte. Ich bezweifle, dass wir schon so weit sind.« Herzog plädierte deshalb bei der Konstituierung des Konventes dafür, »sorgfältig und nüchtern« an die Arbeit zu gehen. Die Europäische Union erwachse, so meinte der Altbundespräsident, mit der Charta »nicht zur Bundesstaatlichkeit mit verfassungsgerichtlicher Kontrolle«. Andererseits solle die Charta aber auch deutlich machen, »dass die EU im Verhältnis zu den Bürgern keinen geringeren Bindungen unterliegen darf als die Nationalstaaten in ihren Verfassungen«.

Soll die von dem Konvent verabschiedete Erklärung also rechtlich verbindlich und einklagbar sein, oder nicht? Herzog selbst meinte, das werde zunächst nicht der Fall sein, setzte jedoch hinzu: »Aber das wird in nicht allzu fernen Tagen der Fall sein«, weshalb man sich so verhalten müsse, als ob der Text die Nationalstaaten schlussendlich in die Schranken weisen könne. Die beiden aus dem Europaparlament in den Konvent entsandten deutschen Christdemokraten, Ingo Friedrich

(CSU) und Peter Mombaur (CDU), meinen: »Eine bloße politische Deklaration als Ergebnis des Konvents erscheint ungenügend. Auch im Blick auf die Argumentation in der nächsten Europawahl sollte es Ziel sein, einen knappen Katalog einklagbarer Grundrechte zu erstellen.« Zugleich schränken sie jedoch ein: »In Anwendung des Subsidiaritätsprinzips dürfen die europäischen Grundrechte nicht in die Rechtssphäre der Mitgliedsstaaten eingreifen.« Der Verfassungsrechtler und Europapolitiker Mombaur sucht zwischen »Minimalisten« (wie etwa der britischen Regierung) und »Maximalisten« (wie dem österreichischen Grünen Voggenhuber) einen realistischen, pragmatischen Weg.

Die beiden Berichterstatter des Europäischen Parlamentes sind der britische Liberale Andrew Duff und der Grüne Johannes Voggenhuber. Letzterer kritisiert die allzu beschränkten Ambitionen des Rates und will die »Türe öffnen für einen europäischen Verfassungsprozess«. Duff sagt, er könnte sich eine Aufnahme der Charta in den EU-Vertrag vorstellen, wenn dieser revidierte Vertrag durch alle Mitgliedsstaaten und das Europäische Parlament ratifiziert wird. Auch Voggenhuber ist Realist genug, um zu sehen, dass die Charta nur rechtliche Verbindlichkeit erlangen kann, wenn sie auf dem normalen Weg ratifiziert wird. Im Arbeitsdokument des Europaparlamentes wird breit erläutert, dass die Rechtsnatur der Charta völlig ungeklärt ist. Eine bloße politische Proklamation oder Beschreibung der Grundrechtslage in Europa wird allerdings klar verworfen. Das Parlament sei dafür, so heißt es dort, »dass die Charta für die Gemeinschaftsorgane gemäß dem EU-Recht verbindlich ist und sich direkt auf die EU-Bürger auswirkt«. In einer kürzlich verabschiedeten Resolution bezeichnete das Parlament die Charta als Grundbestandteil eines verfassungsgebenden Prozesses. Duff und Voggenhuber fordern trotz aller Differenzen, »der Charta einen verbindlichen Charakter zu geben«. Der Vorsitzende der liberalen Fraktion des Europaparlaments, Pat Cox, stimmt dem ebenso zu wie der christdemokratische Fraktionsvorsitzende Hans-Gert Pöttering oder der britische Sozialist David Martin. Der Vertreter der EU-Kommission im Konvent, Antonio Vitorino, sagt, die Charta solle ein rechtlich verbindlicher Text werden und sich »auf die Grundrechte stützen, die sich aus der Union selbst ergeben«. Eine rechtliche Bindung wird die Charta vorerst vermutlich nur für die Organe der Union haben.

Wenn es also nicht nur um eine unverbindliche, blumige Erklärung geht, die als »feierliche Proklamation« in den Akten oder Papierkörben verschwinden wird, dann drängt sich die Frage nach den Inhalten auf. Welches sind die Grundrechte, die in der Charta EU-weit festgeschrieben und einklagbar gemacht werden sollen? Darüber gibt es gegensätzliche Ansichten, wie sie etwa bei den Anhörungen der »Zivilgesellschaft« am 27. April 2000 in Brüssel transparent wurden. Eine Sprecherin der Kommission der EU-Bischofskonferenzen (ComECE) forderte ein »Recht auf Leben«, das die menschliche Person auch gegen den Missbrauch durch die Biomedizin schützt, sowie den Schutz von Religions- und Gewissensfreiheit und ein Bekenntnis zum arbeitsfreien Sonntag. Die »traditionelle Familie« sei weiter die

»Keimzelle der Gesellschaft«. Ähnlich argumentierte die »Föderation der katholischen Familienverbände in Europa«: Die Familie als das Zusammenleben von Mann und Frau sei älter als jeder Staat, die »Grundstruktur des gesellschaftlichen Lebens« und der »privilegierte Ort für das Entstehen neuen Lebens«. Die Familien müssten deshalb durch die Charta besonders geschützt werden.

Das »Europäische Kindernetzwerk« wies darauf hin, dass Kinder, die 20 Prozent der Bevölkerung in der Union ausmachen, sich nicht selbst schützen und nicht für sich selbst sprechen könnten. Die Generalsekretärin der Paneuropa-Union, Walburga Douglas, meinte dazu in ihrer Rede, die der Vizepräsident des Europaparlaments, Ingo Friedrich, anschließend als »eine der präzisesten und überzeugendsten« bezeichnete, nur eine kinderfreundliche Gesellschaft könne das Überleben Europas sichern. Es bedürfe deshalb »der besonderen Zuwendung und Förderung der Familien«, in denen die Kinder »zu verantwortungsbereiten, freien und psychisch gesunden Mitbürgern« heranwachsen könnten. An den Konvent appellierte Gräfin Douglas: »Schützen Sie bitte auch das Recht der Ungeborenen, der misshandelten und missbrauchten Kinder, der Behinderten, der Kranken und Alten auf Leben, und auf ein Leben in Würde!« Ganz andere »Werte« – und deshalb andere Grundrechtsvorstellungen – vertrat etwa der Repräsentant der Lesben- und Schwulenverbände, Kurt Krickler: Er beklagte die Diskriminierung von Homo- und Transsexuellen und meinte, es sei heute bereits Normalität, dass Kinder auch von lesbischen, schwulen und transsexuellen Paaren aufgezogen würden. Die Grundrechtscharta solle diese »Vielfalt an Familienformen« anerkennen, so Krickler.

Ähnliche Verwirrung gibt es über die Gewissens- und Religionsfreiheit, die bei der Anhörung in Brüssel von Vertretern und Gegnern der christlichen Kirchen gleichermaßen – aber mit unterschiedlichen Zielen – gefordert wurde. Wenn die Vertreterin des Diakonischen Werks der Evangelischen Kirche in Deutschland die Wahrung der Menschenwürde als »Muttergrundrecht« bezeichnet, aus dem die Gedankens-, Gewissens- und Religionsfreiheit erwächst, dann meint sie etwas anderes als der Vertreter der Laizisten in Belgien. Diesem liegt die strikte Trennung von Staat und Kirchen am Herzen, während die evangelische Oberkirchenrätin Heidrun Tempel eine »Rechtsträgerschaft von Kirchen und Religionsgemeinschaften« forderte. Nicht wenig aufschlussreich mag für die zuhörenden Mitglieder des Konventes gewesen sein, dass in den acht Statements katholischer oder evangelischer Organisationen »Gott« nicht einmal als Wort vorkam. Es blieb der Paneuropa-Generalsekretärin Douglas überlassen, daran zu erinnern, dass das Recht »auf der Anerkennung der jedem Menschen von Gott verliehenen Würde« beruht. Die Vertreter der Konferenz Europäischer Kirchen, franziskanischer und jesuitischer Initiativen oder von »Justitia et Pax« sprachen stattdessen über Migration und Fremdenfeindlichkeit, über die Lebensverhältnisse der Kinder in Afrika und über die »kollektive Dimension unseres gemeinsamen politischen Lebens«.

Unterdessen wird am Wertefundament Europas vielfältig gerüttelt. Ein Laizisten-Vertreter meinte, ein

»Verbot des Klonens von Menschen hat nichts zu suchen in einer Charta der Grundrechte«, weil dies der Freiheit des Forschens widerspreche. Ein Sprecher der »Europäischen Humanistischen Föderation« verlangte, dass das »Recht der Frauen, eine Schwangerschaft abzubrechen« nicht eingeschränkt werden dürfe. Was, so müssen sich die Mitglieder des Konventes fragen, sind nun wirklich Grundrechte? Es kann ja nicht gleichzeitig ein Recht des ungeborenen Kindes auf Leben und ein Recht der schwangeren Frau auf Abtreibung als schützenswertes, einklagbares Grundrecht geben.

In einer Stellungnahme des Frauenausschusses des Europäischen Parlamentes heißt es: »Insbesondere sind die Klauseln, die die sogenannten Familienrechte betreffen, in Frage zu stellen; Menschenrechte sind Rechte des Einzelnen und nicht Rechte von Institutionen.« Noch deutlicher: »Rechte der Familie als solche existieren nicht ...«. Ist die Familie nur »Institution« oder zumindest eine natürliche Gemeinschaft? Hat sie keine eigenen Rechte und keinen Anspruch auf besonderen Schutz durch den Staat und die Rechtsprechung? Die CSU-Europaabgeordnete Emilia Müller widerspricht heftig: Die Familie müsse ein »Hort der Geborgenheit« sein, der Kindern soziale Orientierung vermittle und den Respekt vor der Person des anderen lehre. Sie bedürfe deshalb des besonderen Schutzes durch die Gesetzgebung. Der Frauenausschuss, dem Frau Müller angehört, sieht dies mehrheitlich anders und will über die Grundrechtsdebatte gesellschaftliche Veränderungen herbeiführen. So klagt er über die »Diskriminierung aufgrund der sexuellen Neigung«, die in einer Gesellschaftsschicht wurzle, »in der Männer und Frauen fest umrissene, komplementäre Aufgaben wahrnehmen«. Eine Emanzipation der Frauen könne »nicht ohne eine Veränderung dieser Ordnung« erfolgen. Deshalb fordert der Ausschuss: »Die Charta der Grundrechte sollte eine Klausel über ein Verbot der Diskriminierung aufgrund der sexuellen Orientierung enthalten.« Sollte eine solche Formulierung rechtsverbindlicher Teil des EU-Vertrages oder einer künftigen europäischen Verfassung werden, dann wäre der besondere Schutz des Staates für Ehe und Familie (wie ihn nicht nur das deutsche Grundgesetz vorsieht) dahin und etwa ein Adoptionsrecht für homosexuelle Paare gar nicht mehr aufzuhalten.

Freilich gibt es auch Kräfte, die solchen Entwicklungen entgegentreten. EVP-Vorsitzender Pöttering meint, der Konvent solle »kein großes Opus erarbeiten«, sondern sich auf die wesentlichen Grundrechte konzentrieren. Der Vizepräsident des Europaparlaments, der CSU-Politiker Ingo Friedrich, sagt: »Soziale Rechte, die zunächst einer politischen Entscheidung und Abwägung bedürfen, also nicht justiziabel sind, sollten als Staatsziele und nicht als Grundrechte definiert werden.« Ein Recht auf Arbeit oder auf die eigene Wohnung könne wohl politisches Ziel, nicht jedoch einklagbares Grundrecht sein. Auch sei zu diskutieren, ob neben Grundrechten auch Grundpflichten formuliert werden sollten. »Im Hinblick auf die gerade in Deutschland laufende Diskussion, dass viele Bürger nur ihre Rechte, nicht aber ihre Pflichten kennen, wäre dies politisch sicher sinnvoll«, meint Friedrich, der davor warnte, »Illusionen in die Grundrechtscharta aufnehmen zu wollen«.

»Wenn man Rechte ohne Pflichten will, heißt das, dass man ernten will ohne zu säen«, sagte bei der Anhörung im Konvent der Inder Jango Sarosh von der »Weltkonferenz für Religion und Frieden«. Ernten ohne zu säen, das kann auch Europa nicht. Vielleicht aber löst der Konvent zumindest die seit Jahren dringliche Debatte über die Grundrechte und Grundwerte, die ethischen Prinzipien und die geistige Befindlichkeit Europas aus. Von einem Konsens über die Grundrechte – oder gar die ihnen zugrunde liegenden Grundwerte – in der Gesellschaft oder dem 62 Politiker umfassenden Konvent kann keine Rede sein. Eine geistige und moralische Standortbestimmung jedoch – so ernüchternd sie auch ausfallen kann – würde Europa gut tun.

Mensch und Staat, (heils)geschichtlich betrachtet

Der Staat als Folge der Erbsünde

Wenn das vereinte Europa ein Staat ist oder zumindest auf dem Weg ist, einer zu werden, dann schuldet es die heutige – diesen Staat formende – Generation allen kommenden Generationen, grundsätzlich über die Funktionen und den Sinn, die Grundlagen und die zeitgemäße Gestalt des Staates nachzudenken. Eine philosophische, theologische und geschichtliche Erwägung dessen, was das Phänomen »Staat« überhaupt ausmacht, ist ein Gebot der Stunde. Eine theologische oder philosophische Betrachtung des Staates (oder überhaupt der öffentlichen Gewalt) ist aber sicher nur möglich durch eine theologische beziehungsweise philosophische Betrachtung des Menschen, von dem her sich die Rechtfertigung wie die Begrenzung staatlicher Gewalt erklären lassen.

Theologie ist nicht nur Anthropologie, ist nicht einfach Rede vom Menschen. Die Theologie redet vom Menschen nur in Bezug auf Gott, also als von Gott geschaffenem, geliebtem und erlöstem Menschen. Was aber könnte Gott mit dem Staat zu tun haben? Diese Frage mag naiv klingen, doch sie begleitet zwei Jahrtausende europäischer Politik- und Geistesgeschichte. Wie oft beriefen sich Politiker in der Geschichte Europas auf Gott und Glauben, wenn sie Kriege begannen und beendeten, Grenzen verschoben, Fürstentümer erheirateten, der Kirche Privilegien einräumten oder entzogen, ihr Fesseln anlegten? Unter Berufung auf Gott und die Vorsehung geschah Wunderbares und Schreckliches, Menschliches und Barbarisches in der Geschichte Europas. Schließlich gab es und gibt es vor allem in der Neuzeit auch eine Vergötzung des Staates selbst, etatistische Fehlentwicklungen, die nach einer richtigen Einordnung des Phänomens »Staat« rufen.

Was ist also, theologisch betrachtet, ursprünglicher: Der Mensch oder der Staat? Was immer wir unter »Staat« verstehen wollen, lässt sich doch zweifelsfrei festhalten, dass weder die trinitarische Einheit Gottes noch die Gemeinschaft der Heiligen im Himmel ein Staat sind. Gott lebt also in keinem Staat. Hat er vielleicht den Staat bereits in der Schöpfungsordnung verankert? Die beiden Schöpfungsberichte des Buches Genesis geben uns Kunde davon, dass Gott Himmel, Erde und Licht, das Firmament und die Pflanzen, Sonne, Mond und Sterne, Tiere aller Art und schließlich Menschen schuf. Von einem Staat ist in den Schöpfungsberichten der Bibel – die immerhin für Judentum, Christentum, und Islam von Relevanz ist – keine Rede. Gott schuf also Menschen, aber keine Staaten.

Diese so banal klingende Erkenntnis hat enorme Tragweite. Sie widerspricht zunächst unserer vordergründigen, persönlichen Lebenserfahrung. Denn wo und wann wir auch zur Welt gekommen sind, wir sind bereits in einen Staat hineingeboren worden. Und wenngleich wir in den zurückliegenden Jahrzehnten viele Staaten entstehen und untergehen sahen, so entsteht doch nirgends ein staatsfreier Raum. Jeder lebt in einem Staat, und wenn er aus ihm auswandert, wandert er zugleich in einen anderen Staat ein. So scheint uns der Staat vorgegeben zu sein, er scheint gegenüber dem einzelnen Menschen die größere Ursprünglichkeit zu haben.

Dieser persönlichen Erfahrung widerspricht die Bibel: Da der Mensch – und zwar jeder Mensch –, nicht aber der Staat ein Geschöpf Gottes ist, kommt auch dem Menschen die größere Ursprünglichkeit zu. In dieser Frage ist die Bibel auch in Übereinstimmung mit der historischen Forschung, die – wie noch ausführlicher gezeigt werden wird – bestätigt, dass die Menschen der Urzeit in Familienverbänden, schließlich in Sippen und im Laufe der Zeit wachsenden Horden lebten. Der Staat als ein viele Sippen umfassendes Gebilde komplexerer Organisationsstruktur ist menschheitsgeschichtlich ein eher junges Phänomen. Aufgrund seiner Geschaffenheit durch Gott, so können wir als theologisches Fazit festhalten, kommt dem Menschen gegenüber dem Staat eine größere Ursprünglichkeit zu. Der Gründer der Paneuropa-Bewegung, Richard Coudenhove-Kalergi, dem man eine zu theologische oder kirchliche Sichtweise kaum unterstellen kann, schrieb in der Auseinandersetzung mit dem Nationalsozialismus und dem Kommunismus 1937: »Der Mensch ist ein Geschöpf Gottes. Der Staat ist ein Geschöpf des Menschen. Darum ist der Staat um des Menschen willen da – und nicht der Mensch um des Staates willen. Menschen ohne Staaten sind denkbar – Staaten ohne Menschen sind undenkbar.«

Diese größere Ursprünglichkeit bekommt in biblischer Sicht noch eine besondere Qualität dadurch, dass der Mensch in der Heiligen Schrift nicht nur als Geschöpf bezeichnet wird. Vielmehr heißt es in Genesis 1,26-27: »Dann sprach Gott: Lasst uns Menschen machen als unser Abbild, uns ähnlich. (Sie sollen herrschen über die Fische des Meeres, über die Vögel des Himmels, über das Vieh, über die ganze Erde und über alle Kriechtiere auf dem Land.) Gott schuf also den Menschen als sein Abbild; als Abbild Gottes schuf er ihn. Als Mann und Frau schuf er sie.« Die mehrfache Wiederholung macht deutlich, dass es um Wesentliches geht: der Mensch ist nicht nur Geschöpf, sondern auch Abbild Gottes. Damit ist er aus dem übrigen geschaffenen Sein herausgehoben und verfügt über eine besondere Würde – und freilich auch über eine besondere Verantwortung. Nochmals deutlich wird dies in Genesis 1,28-29, als Gott die Menschen direkt anspricht. Als Abbild Gottes hat der Mensch Anteil an der Würde Gottes. Wir nennen dies im profanen Bereich die Menschenwürde, wenngleich der Ausdruck »die göttliche Würde des Menschen« treffender wäre.

Diese Menschenwürde ist logisch nur von außerhalb des Menschen zu begründen. Er kann sie sich nicht selbst verleihen oder zuerkennen, aber auch nicht selbst aberkennen oder sie veräußern. Weil der Mensch aber ursprünglicher ist als der Staat, kann es auch nicht der Staat sein, der dem Menschen seine Würde verleiht – oder einschränkt und aberkennt, wie dies in den rassistischen, bolschewistischen und (im Fall der Tötung ungeborener Kinder und kranker Greise) liberalistischen Ideologien unserer Zeit geschah oder geschieht. Die Auffassung, dass es der Staat sein könne, der dem Menschen gewissermaßen gnadenhalber Würde und Rechte verleiht oder überträgt, ist mit dem christlichen (ebenso mit dem jüdischen) Glauben absolut unverträglich. Der Staat kann die Menschenrechte – die dem Menschen nur aufgrund seines Menschseins zukommen – lediglich anerkennen und respektieren. Das deutsche Grundgesetz macht sich diese Sicht zu Eigen, wenn es in seiner Präambel formuliert: »Die Würde des Menschen ist unantastbar. Sie zu achten und zu schützen ist Verpflichtung aller staatlicher Gewalt.« Das Bundesverfassungsgericht in Karlsruhe spricht davon, dass die Würde des Menschen »im Grundgesetz der oberste Wert ist«. Dass die Würde des Menschen um seiner selbst willen besteht, deutet das Gericht mit der Feststellung an, dass der Mensch in der Naturordnung »einen eigenen selbstständigen Wert besitzt«.

Dies berührt bereits unsere politische Wirklichkeit. Diejenigen Regime nämlich, die im zu Ende gegangenen Jahrhundert die Menschenrechte mit Füßen getreten haben, taten dies auf Grund von Ideologien, die den Menschen einem Staat – als Vertreter und Vollstrecker einer Klasse (Kommunisten), einer Rasse (Nationalsozialisten) oder Nation (Faschisten) – untergeordnet haben. Bereits bevor dieses Jahrhundert der ideologischen Grausamkeiten begann, wurden die drohenden Gefahren von kirchlicher Seite beim Namen genannt. So schrieb Papst Leo XIII. in der Enzyklika »Libertas praestantissimum« vom 20. Juni 1888: »Wenn es keine transzendente Wahrheit gibt, in deren Gefolge der Mensch zu seiner vollen Identität gelangt, gibt es kein sicheres Prinzip, das gerechte Beziehungen zwischen den Menschen gewährleistet. (...) Die Wurzel des modernen Totalitarismus liegt darum in der Verneinung der transzendenten Würde des Menschen, der sichtbares Abbild des unsichtbaren Gottes ist. Eben deshalb, aufgrund seiner Natur, ist er Träger von Rechten, die niemand verletzen darf: weder der Einzelne, noch die Gruppe, die Klasse, die Nation oder der Staat.«

Die Leugnung der Gottebenbildlichkeit des Menschen – jedes einzelnen Menschen! – hat tatsächlich in Kommunismus, Nationalsozialismus und anderen Greuellehren zur Leugnung und millionenfachen Missachtung der Menschenrechte, auch des Rechtes auf Leben, geführt. Der satanische Versuch, ganze Völker – im Hitlerismus etwa das Volk des Alten Gottes-Bundes! – auszurotten, umzusiedeln, zu vertreiben oder ihrer kulturellen Identität und ihrer Würde zu berauben, hat seine Wurzel in einem Menschenbild, das von der gottgegebenen Würde der menschlichen Person nichts mehr weiß oder wissen will. Bei der Seligsprechung von Pater Rupert Mayer SJ 1987 hat Papst Johannes Paul II. dies auf den Punkt gebracht: »Gottesrechte und Menschenrechte stehen und fallen miteinander.« Eine dem Menschen an sich eigene, nicht vom Staat ableitbare, unveräußerliche Menschenwürde ist nur aus der Gottebenbildlichkeit des Menschen ableitbar.

Johannes Paul II., der als Theologe und Sozialphilosoph noch nicht halbwegs angemessen entdeckt oder gewürdigt ist, zog in seiner Enzyklika »Veritatis splendor« daraus die politische Konsequenz: »Ungeachtet der manchmal guten Absichten und der oft schwierigen Umstände sind die staatlichen Amtsträger und die einzelnen Individuen niemals befugt, die unveräußerlichen Grundrechte der menschlichen Person zu verletzen.« Und weiter schreibt der Papst: »Im politischen Bereich gilt es hervorzuheben, dass Wahrhaftigkeit in den Beziehungen zwischen Regierenden und Regierten, Transparenz in der öffentlichen Verwaltung, Unparteilichkeit im Dienst am Staat, Achtung der Rechte auch der politischen Gegner, Schutz der Rechte der Angeklagten gegen summarische Verfahren und Verurteilungen, richtige und gewissenhafte Verwendung der öffentlichen Gelder, Ablehnung zweifelhafter oder unerlaubter Mittel, um die Macht um jeden Preis zu erobern, festzuhalten oder zu vermehren, Prinzipien sind, die ihre erste Wurzel – wie auch ihre einzigartige Dringlichkeit – im transzendenten Wert der Person und in den objektiven sittlichen Erfordernissen für das Funktionieren der Staaten haben.«

Aus der Erfahrung des 20. Jahrhunderts lässt sich bestätigen: Nur der Staat, der Gott Gott sein lässt, lässt auch den Menschen Mensch sein. Der Staat, der die Klasse, Rasse, Nation oder Ideologie zum Götzen macht, wird zwangsläufig unmenschlich. Dieses »Gott Gott sein lassen« bedeutet eine Selbstbeschränkung staatlicher Vollmacht und Machtausübung. Papst Pius XI. hat 1937 in dem gegen den Nationalsozialismus gerichteten Schreiben »Mit brennender Sorge« gewarnt: »Wer die Rasse, oder das Volk, oder den Staat, oder die Staatsform, die Träger der Staatsgewalt oder andere Grundwerte menschlicher Gemeinschaftsgestaltung ... aus dieser ihrer irdischen Wertskala herauslöst, sie zur höchsten Norm aller, auch der religiösen Werte, macht und sie mit Götzenkult vergöttert, der verkehrt und fälscht die gottgeschaffene und gottbefohlene Ordnung der Dinge.« Friedrich Hölderlin könnte sich bestätigt fühlen, denn er hatte früh erkannt: »Immerhin hat das den Staat zur Hölle gemacht, dass ihn der Mensch zu seinem Himmel machen wollte.«

Spätestens hier aber kommt man (zumindest denkerisch) an dieser Frage nicht mehr vorbei: Was rechtfertigt überhaupt die Existenz des Staates? Wäre es nicht besser, keinen Staat zu haben? Müßte man aufgrund des bisher Gesagten nicht notwendigerweise zum Anarchisten, zum Vertreter der herrschaftsfreien Gesellschaft, werden? Die Christliche Soziallehre ist diesen Schritt nie gegangen. Im Gegenteil. So schrieb der verstorbene Kölner Erzbischof, Kardinal Joseph Höffner, in seinem Standardwerk über die »Christliche Gesellschaftslehre«: »Nach christlichem Verständnis ist die Staatsgewalt mit dem Staat naturgegeben ...«. Und der bereits zitierte Papst Leo XIII. schrieb in der Enzyklika »Diuturnum illud«: »Im Staat zu leben, gebietet den Menschen die menschliche Natur oder richtiger: Gott, der Schöpfer der Natur«. Wie das nun?

Greifen wir noch einmal auf die beiden Schöpfungsberichte der Bibel zurück. Im ersten heißt es lediglich, Gott habe den Menschen »als Mann und Frau« (Genesis 1,27) geschaffen. Der zweite Schöpfungsbericht wird deutlicher. Hier ist es Gott selbst, der spricht: »Es ist nicht gut, dass der Mensch allein bleibt.« Der Mensch ist also von seinem Schöpfer nicht als Unikat gedacht. Er genügt sich nicht selbst. Er ist und bleibt von Gott abhängig und auf andere Menschen (und seine Umwelt) verwiesen. Der Mensch lebt nicht in der Autarkie des eigenen Ich, sondern verwirklicht sein Menschsein in der Bindung an Gott und in der Verwiesenheit auf andere Menschen. Der Sozialbezug des Menschen ist deshalb nicht sekundär, also beispielsweise durch die geschichtliche Entwicklung bestimmt, sondern liegt dem Wesen des Menschen inne. Darum formuliert das Zweite Vatikanische Konzil in der Pastoralkonstitution »Gaudium et spes«: »Der Mensch ist nämlich aus seiner innersten Natur ein gesellschaftliches Wesen; ohne Beziehung zu den anderen kann er weder leben noch seine Anlagen zur Entfaltung bringen.«

Dies erklärt vielleicht zureichend, warum der Mensch Gemeinschaften eingeht, eine Ehe, Familie oder Sippe begründet. Die Existenz des Staates als übergeordnete Organisationsform, die das menschliche Zusammenleben mit Anreizen und Sanktionen reglementiert, ist damit noch nicht erklärt. Theologisch gesprochen bedarf es des Staates, weil die menschliche Natur nicht nur eine von Gott geschaffene ist, sondern immer auch eine – aus eigener Freiheit – in Sünde gefallene. Im Paradies – oder, anders formuliert: wenn alle Menschen ihre von Gott gegebene Freiheit immer nur zum Guten gebrauchen würden – bräuchte es keinen Staat. Ohne die Sünde, ohne dass Menschen auch habgierig, niederträchtig, eigensinnig, egoistisch, böse handeln, wäre die Gemeinschaft der Menschen mit Gott und untereinander eine perfekte – und der Staat damit überflüssig. Nur weil der Mensch nicht als pures Abbild Gottes, sondern seine Freiheit zum Bösen missbrauchend handelt, bedarf es einer mit Sanktionen ordnenden Kraft in der Gesellschaft. Einer Kraft, die willens und auch fähig ist, Kain davon abzuhalten, seinen Bruder Abel zu erschlagen, oder ihn dafür zumindest im Nachhinein zu bestrafen. Der Staat ist also eine Folge der Erbsünde.

Nach dem Sündenfall, dem Zuwiderhandeln der biblischen Stammeltern gegen den Willen Gottes, ist der vorsätzliche Mord des Kain das erste große Kriminaldelikt der Heiligen Schrift (Genesis 4,8). Aber an diesem Beispiel, wie an allen folgenden, wird deutlich, dass die persönliche Sünde auch gesellschaftliche Folgen zeitigt: Es entstehen »Strukturen der Sünde« (Zitat Johannes Paul II.). Wo das Gleichgewicht im Inneren der Menschen gestört ist, kommt auch die Gesellschaft selbst aus dem Gleichgewicht. Wo der Mensch sich von seinem Schöpfer losreißt, verkennt er sein eigenes Wesen und damit auch die Würde des Mitmenschen. Biblisch gesprochen führt ein direkter Weg von der Sünde der Eva zum Mord Kains. Modern gesprochen hat dies Hans Graf Huyn so formuliert: »Der Traum des Prometheus hat das Bild des modernen Menschen bestimmt. Es ist der Mensch, der sich selbst erschaffen hat, der sich selbst verwirklicht, der autonome Mensch, dem kaum mehr Grenzen gesetzt scheinen, für den alles machbar ist. Unser Jahrhundert hat uns eines Besseren belehrt. Krieg und Vernichtung, die Herrschaft unmenschlicher Ideologien und Völkermord, Umweltzerstörung und Gentechnik haben dem autonomen Menschen die Grenzen aufgezeigt ...«

Den Mord an Abel kann nur Gott selbst strafen; ein Staat existiert noch nicht. Doch das Alte Testament, ein Buch voller Bilder und Weisheit, belehrt uns auch über das Entstehen und die Ordnung des Staates Israel. Die Zehn Gebote, die Gott selbst dem Volk gibt, regeln das Verhältnis des Einzelnen zum Mitmenschen und zu Gott, sind das Fundament einer Rechtsordnung. Die Rechtfertigung des Staates kann also nur daher kommen, dass die Menschen einer solchen ordnenden Einrichtung für ihr gemeinschaftliches Zusammenleben bedürfen. Kardinal Höffner schrieb: »Der mit Zwangsgewalt ausgestattete Staat gehört dem Äon zwischen Sündenfall und Wiederkunft des Herrn an.« Und weiter: »Der Ursprung der Zwangs- und Strafgewalt des Staates liegt insofern in der Sünde begründet, als die gefallene Menschheit der Ordnungsfunktion des Staates gegen Rechtsbrecher und Böswillige bedarf ...«. Der Staat, so die Konsequenz, existiert also nicht (wie der Mensch) um seiner selbst willen, sondern ist Diener an dem auf Gemeinschaft hin angelegten Menschen. Der bereits zitierte Vater des modernen Europa-Gedankens, Coudenhove-Kalergi, formulierte dies in der Auseinandersetzung mit den Totalitarismen der dreißiger Jahre so: »Der Mensch ist ein Ziel: kein Mittel. Der Staat ist ein Mittel: kein Ziel. Der Wert eines Staates ist genauso groß wie sein Dienst am Menschen ... Der Staat ist weder ein Lebewesen, noch ein Organismus, noch ein Organ, sondern eine Maschine, ein Mechanismus, ein Werkzeug im Dienst des Menschen ...«

Wenn Höffner den Staat heilsgeschichtlich zwischen Sündenfall und Wiederkunft des Herrn (also der christlichen Version vom Ende der Geschichte) einordnet, dann heißt dies theologisch: Der Mensch, nicht der Staat, ist Geschöpf Gottes, Abbild Gottes, von Christus erlöst, zu Christi Nachfolge und zur Gotteskindschaft Berufener, zum ewigen Leben Erwählter. Der Mensch, nur er, aber er auch wirklich, ist berufen zu einer Gemeinschaft – jenseits des Todes, jenseits von Raum und Zeit, jenseits dieser Welt, die vergeht – zu einer Gemeinschaft, in der es keinen Staat mehr geben wird.

Der Staat als menschheitsgeschichtlich junges Phänomen

Nach dem derzeitigen Stand der wissenschaftlichen Forschung ist der Planet, auf dem wir leben, rund fünf Milliarden Jahre alt. Seit etwa drei Milliarden Jahren gibt es, so meinen die Wissenschaftler, Leben auf der Erde. Menschen gibt es seit maximal zwei Millionen Jahren, nach Auffassung mancher Wissenschaftler erst seit rund 600 000 Jahren. Nicht minder beeindruckend als dieses Verhältnis zwischen der Erdgeschichte und der Menschheitsgeschichte, das den Historiker wenig interessiert, ist das Verhältnis zwischen der Menschheitsgeschichte und der Staaten-Geschichte: Von Staaten im weitesten Sinne können wir etwa seit 3000 vor Christus, also seit 5000 Jahren sprechen. Wie alt die Menschheit auch sein mag, sicher ist, dass das Phänomen Staat an sich ein menschheitsgeschichtlich relativ junges ist. Über die Menschen der Steinzeit ist allerlei Rituelles, Praktisches oder gar Künstlerisches bekannt, jedoch nicht, dass sie so etwas wie über Familienverbände hinausreichende Staaten gebildet hätten.

Ein arbeitsteiliges System und über den Dorfverband hinausreichende Beziehungsgeflechte lassen sich in Ägypten frühestens im 4. Jahrtausend erkennen. Das Alte Reich Ägyptens verfügte immerhin über ein erbliches Königtum, eine ansehnliche Hofhaltung, einen straff gegliederten Beamtenapparat und fallweisen

Frondienst. In Europa ist zu dieser Zeit von Staaten noch keine Rede. Auch die sumerischen Stadtstaaten mit ihren kleinen fürstlichen Dynastien sind beachtlich. Das erste Großreich gründete vermutlich Sargon I. zwischen Persien und Kleinasien. In Südasien geben die Ruinenstädte Harappa und Mohendsch-Daro Aufschluss darüber, dass es um das Jahr 2000 vor Christus eine relativ hoch entwickelte Stadtkultur gegeben haben muss. Die erste belegte chinesische Dynastie und Hochkultur datiert auf etwa 1500 vor Christus. Bei all diesen Herrschaften und Systemen wäre es aber verwegen, eine intensive Durchdringung des jeweiligen Herrschafts- oder Einflussgebietes anzunehmen. Immerhin hatte sich so etwas wie Staatlichkeit entwickelt.

Auf dem europäischen Kontinent ist – da sich in Hellas nie ein wirklicher Flächenstaat entwickelte und das Reich Alexanders von Makedonien schon wegen seiner Kürze nicht in die Tiefe gehen konnte – das Römische Reich das erste Großreich, das den Namen Staat verdient. Doch nicht überall wo das Imperium Romanum waltete, entwickelte sich auch römische Staatlichkeit. Der Historiker Hagen Schulze schreibt in seinem äußerst aufschlussreichen, lesenswerten Buch über »Staat und Nation in der europäischen Geschichte«, dass auch noch im frühen und hohen Mittelalter die Menschen zugleich im Römischen Reich und in einer »ganz anderen, archaischen Welt« lebten. »Europa wäre in eine unzusammenhängende Vielfalt primitiv verfasster Stämme auseinandergefallen, wären da nicht die einigende Kraft der Kirche gewesen und die fortdauernde Erinnerung an Rom.« Der »römische Reichsmythos«

und der christliche Glaube gaben dem Mittelalter seine Ordnung. Schulze erläutert jedoch, »dass bis in das Hochmittelalter hinein von Königsherrschaft über Land und Leute, mithin also von Staaten, nicht die Rede sein konnte. Ein mittelalterlicher König hatte nur zu relativ wenigen Menschen direkte politische Beziehungen.« Erst langsam entwickelt sich aus einem komplexen, auf Lehen beruhenden Personenverband ein neuzeitlicher Flächenstaat.

Abgesehen von Einzelgestalten wie dem in Sizilien tatsächlich regierenden Staufer Friedrich II. gab es bis zum Ende des Mittelalters keine zentral verwalteten, modernen Staatsgebilde. Die Macht des Herrschers war immer eine relative, keine absolute. Auch das vergleichsweise zentralistische Frankreich kannte bis zur Französischen Revolution keinen totalen Durchgriff der Spitze auf das Leben der Bürger. Über den französischen Sonnenkönig Ludwig XIV., bis heute das Klischee des absolutistischen Herrschers, schreibt der Historiker und Journalist Franz Herre: »L'état c' est moi – Ich bin der Staat, erklärte Louis Quatorze, der … nicht nur allein herrschte, sondern auch selbst regierte, den Staat verkörperte – noch den Absolutismus im Staate, noch nicht, was erst die Französische Revolution zuwege bringen sollte, den Absolutismus des Staates.« Abgesehen davon, dass Ludwig den ihm zugeschriebenen Satz vermutlich nie gesagt hat und dass »les états« zu dieser Zeit die Stände bezeichnete, ist Herres Bemerkung richtig, dass der Staat selbst – unabhängig davon, wer wie regierte – nicht absolut war oder sein konnte. Der fürstliche Absolutismus beschreibt nur die (gewünschte oder reale) Macht des Fürsten im Staat, nicht die des Staates im Leben der Menschen.

Doch die technischen Möglichkeiten und der (aufgeklärte) Herrscherwille, das Leben des einzelnen Untertanen zu bestimmen, nehmen zu. Das vom Preußenkönig Friedrich Wilhelm II. in Kraft gesetzte »Allgemeine Landrecht für die Preußischen Staaten« von 1794 regelt bereits in 19 000 Paragraphen das Verhältnis zwischen Staat und Bürger. Der englische Staatsrechtler Jeremy Bentham sieht den Zweck des Staates darin, ein größtmögliches Glück für eine größtmögliche Menge von Menschen zu verwirklichen. Soll der Staat aber für das absolute Glück verantwortlich sein, dann muss er auch absolute Macht beanspruchen können. Dies wird etwa bei Georg Friedrich Lamprecht oder Jean-Jacques Rousseau in der Theorie, bei Maximilien de Robespierre und dem Marquis Aldonse de Sade in der Praxis sichtbar. Über die Französische Revolution, ihre geistesgeschichtlichen Wurzeln und Folgen, sei Erik von Kuehnelt-Leddihn empfohlen, der mit so manchem populärem Märchen aufgeräumt hat. Für die Entwicklung der Staatlichkeit ist wesentlich, dass mit der Französischen Revolution ein Schub der Zentralisierung einsetzt, der die Rechte der Provinzen beendet. An die Stelle des organisch gewachsenen Gemeinwesens tritt der zentrale Verwaltungs- und Obrigkeitsstaat.

Zugleich ist diese Revolution die Geburtsstunde dessen, was wir den Nationalstaat nennen. Die monarchische Einheit des Gemeinwesens wird durch die nationale ersetzt. Die Bürger sind nicht mehr die Untertanen eines Königs oder Fürsten, sondern die Angehörigen einer Nation, die sich als Sprach-, Kultur- oder Blutsgemeinschaft definiert und gegen andere abgrenzt. Vom Wiener Kongress schrieb der französische Außenminister Charles Maurice de Talleyrand an seinen König, Ludwig XVIII., über die »Männer der Universitäten«: »Die Einheit des deutschen Vaterlandes ist ihr Geschrei, ihr Glaube, ihre bis zum Fanatismus erhitzte Religion.« Und fast prophetisch fährt er fort: »Wer kann die Folgen berechnen, wenn eine Masse wie die deutsche, zu einem einzigen Ganzen gemischt, aggressiv würde?« Doch der Bann war längst gebrochen: Mit der Französischen Revolution war der Staat nicht nur der Allgemeinheit übergeben (durch das allgemeine Wahlrecht), sondern auch die Allgemeinheit dem Staat (durch die allgemeine Wehrpflicht und die totale Mobilmachung etwa). Das Volksganze sollte regieren und musste deshalb auch indoktriniert, ideologisiert, fanatisiert werden, so die Doktrin.

Als einziges bewusst übernationales Großreich in Europa verbleibt die Habsburger-Monarchie, Österreich-Ungarn. Gegen den allgemeinen Trend des Nationalismus halten die Habsburger an der alten reichischen, übernationalen Idee fest. Der aus dem Osten dieses Reiches, aus dem ukrainisch-ruthenisch-jüdisch-polnisch-deutsch, kurz gesagt sehr österreichisch geprägten Galizien stammende Schriftsteller Joseph Roth, der sich nach dem Zusammenbruch der Monarchie zum Monarchisten wandelt, lässt in seinem wohl bekanntesten Roman, im »Radetzkymarsch«, den Grafen Chojnicki kurz vor dem Ausbruch des Ersten Weltkriegs sagen: »Die Zeit will uns nicht mehr! Diese Zeit will sich erst selbstständige Nationalstaaten schaffen! Man glaubt nicht mehr an Gott. Die neue Religion ist der Nationalismus. Die Völker gehen nicht mehr in die Kirchen. Sie gehen in nationale Vereine. Die Monarchie, unsere Monarchie, ist gegründet auf der Frömmigkeit: auf dem Glauben, dass Gott die Habsburger erwählt hat, über so und so viel christliche Völker zu regieren.« Treffender noch als die Charakterisierung Österreichs ist dabei jene des geschichtlichen Umfeldes: Tatsächlich wurde der Nationalismus immer mehr zum Religions- und Glaubensersatz.

Der frühere bayerische Staatsminister und Sprecher der Sudetendeutschen Landsmannschaft (die der österreichischen Idee tief verbunden ist, vermutlich gerade weil sie unter dem Wahnsinn des Nationalismus viel zu leiden hatte), Franz Neubauer, schrieb in einer Festschrift für Otto von Habsburg: »Die Zerschlagung des Reiches der vielen Völker hat über Europa nur Unglück gebracht ... Das Ende der k.u.k. Monarchie erschütterte die Rechtsgrundlagen Mitteleuropas, traumatisierte ganze Generationen, zerriss eine wirtschaftliche und sicherheitspolitische Schicksalsgemeinschaft. Dies machte sich zuerst Hitler zunutze, dann Stalin.« Interessanterweise meinte auch der kroatische Staatspräsident Stipe Mesić in einem persönlichen Gespräch mit Otto von Habsburg im Frühjahr 2000, es sei ein Fehler gewesen, die Monarchie zu zerstören anstatt sie zu einer Art Commonwealth umzuformen – was Kaiser Karl I. ja geplant hatte. Es ist kein Zufall, dass Adolf Hitler vor Hass gegen das alte Österreich nur so schäumte und in seinem Buch dem Erzhaus vorwarf, es tschechisiere, wo immer möglich, und betreibe die Slawisierung Österreichs. In »Mein Kampf« argumentierte Hitler, dass die Sicherung des Deutschtums die Vernichtung Österreichs voraussetze, weil (so die Begründung) das Nationalgefühl in nichts identisch sei mit dem dynastischen Patriotismus. Ja, Joseph Roth hatte ganz Recht gehabt, als er in »Die Kapuzinergruft« schrieb, »dass nur in diesem verrückten Europa der Nationalstaaten und der Nationalismen das Selbstverständliche sonderbar erscheint«. Das Selbstverständliche nämlich, dass Europa nicht in klar voneinander getrennte und nebeneinander lebende National-Staaten einteilbar ist.

Die Ära der Ideologisierung, die in zwei Weltkriegen ihren tragischen Höhepunkt findet, begann bereits mit der Französischen Revolution. Der Bürger, der nun als Wehrpflichtiger seinen militärischen Beitrag zu leisten hat, muss eben an die eigene »Sache« oder Sendung, zumindest an das Recht der eigenen Nation und ihre Überlegenheit glauben. Das Zeitalter der Kabinettskriege, der Ritter- oder Söldnerheere, wird abgelöst durch ein Zeitalter der Volkskriege. Die zunehmende Betroffenheit der Zivilbevölkerung und die wachsende Brutalisierung der Kriege erklärt sich auch daraus, nicht nur aus dem technischen Fortschritt. Nationale Verletzungen (wie 1871 für Frankreich), nationale Schmach (wie 1918 für Deutschland) nährten den Mythos von Erbfeindschaften. Otto von Bismarck versuchte nach 1871 nicht – wie noch die Fürsten im Wiener Kongress – einen für alle Seiten akzeptablen Frieden zu erreichen, sondern wollte Frankreich durch ein mehrschichtiges Bündnissystem isolieren. Als das bismarcksche Kartenhaus zusammenfiel, war der Weg in den Ersten Weltkrieg beschritten.

Mit der zunehmenden Indoktrinierung der Bürger durch den Staat geht auch eine zunehmende Reglementierung des alltäglichen Lebens einher. So nennt Hagen Schulze das Bismarck-Reich einen »preußisch-deutschen Obrigkeits-, Verwaltungs-, Erziehungs- und Verteilungsstaat, der sich für alles und jedes zuständig erklärte, von der Sozialfürsorge bis zur Friedhofsordnung, und dessen Institutionen, dessen Verwaltung und vor allem Militär der Ideologie huldigten, über den Interessensgegensätzen der Gesellschaft und unabhängig von ihnen zu existieren und das Wohl des Ganzen zu repräsentieren – eine im Kern antidemokratische, autoritäre Idee.« Diese Beschreibung ist eine treffliche Definition für die Auswüchse des Etatismus, den wir auch in den demokratischen Staaten unserer Tage ausmachen können.

Der Staat wird mit der Französischen Revolution schrittweise zum Allzuständigen und zumindest theoretisch Allmächtigen. Die Nation, »une et indivisible«, als homogene Gemeinschaft von gleichen Bürgern, wurde repräsentiert durch den Staat, gegen dessen hohen pseudo-moralischen Anspruch kein Einzelner eine Chance hat. Die totalitäre Tendenz, die diesem Denken zugrunde liegt, artikulierte sich bereits in den Massenexekutionen in Marseille, Bordeaux, Lyon und in der Vendée, denen erst mit der Hinrichtung Robespierres im Juli 1794 ein Ende gesetzt wurde. Der Staat, der allen gehören sollte, wollte, dass alle ihm gehörten. Totale Mobilmachungen (im Ersten und im Zweiten Weltkrieg), totale Indoktrination, totale Indienstname der Bürger für die Staatsziele sind nur eine Facette dieser Politik. Die Ideologien des Hitlerismus und des Kommunismus haben uns in nicht allzu weit zurückliegender Zeit die totale Inanspruchnahme des Menschen durch den Staat vorgeführt.

Das Ideal beider Ideologien war tatsächlich die ideologische und praktische Gleichschaltung aller Beherrschten: Alle sollten das Gleiche denken und zu einem Teil der gleichen Korporation werden. Nationalsozialismus wie Kommunismus gründeten deshalb eine Vielzahl von Verbänden, damit alle Einwohner in irgendeiner Parteiorganisation Mitglied seien. Hitler sah deshalb in der NSDAP auch keine Partei im klassischen Sinn – denn eine Partei ist schon von der Wortbedeutung her immer nur der Teil eines größeren Ganzen, die Einheitspartei also ein logischer Widerspruch in sich – sondern eine revolutionäre Bewegung. Der militärische Charakter, den viele nicht-militärische Verbände der totalitären Bewegungen hatten (vom nationalsozialistischen Bund deutscher Mädel bis zum SED-Ableger FDJ) zeigt den Wunsch nach Uniformierung der Massen. Alle sollten uni-form, gleichförmig denken und handeln. Die Parteien wurden zu Kampfgemeinschaften mit pseudo-militärischer Unter- und Überordnung.

Richard Coudenhove-Kalergi schrieb in seinem gegen alle Totalitarismen dieser Zeit gerichteten Buch »Totaler Staat – Totaler Mensch« 1937: »Wir erleben die gefährlichste Revolution der Weltgeschichte: die Revolution des Staates gegen den Menschen. Wir erleben den gefährlichsten Götzendienst aller Zeiten: die Vergottung des Staates.« Und an anderer Stelle: »Der permanente Kriegszustand des totalen Staates nach innen und außen bestimmt auch die politische Moral.« Genau dies belegt Lenin höchstselbst, wenn er schreibt: »Für uns ist die Sittlichkeit den Interessen des proletarischen Klassenkampfes untergeordnet ... Sittlich ist, was der Zerstörung der alten Ausbeutergesellschaft und dem Zusammenschluss aller Werktätigen um das Proletariat dient.«

Coudenhove-Kalergi schilderte in seinem Buch die Machtergreifung des Totalitarismus so: »Der totale Staat betrachtet sich als Treuhänder der Einzel-Rechte seiner Staatsbürger, die er souverän verwaltet, wie eine Bank die Einlagen ihrer Kommittenten: nur duldet er weder eine Abhebung dieser Einlagen noch eine Kontrolle, weil er unbegrenztes Vertrauen fordert für deren richtige Verwendung.« Abgesehen vom Element der Kontrolle lässt sich dieser Satz (wenn auch in geringerer Gradualität als in den Diktaturen) auch auf viele unserer modernen Demokratien anwenden. Der Staat tritt uns auch heute vielfach als Versorgungs-, Wohlfahrts- und Umverteilungsstaat entgegen, der unter dem Vorwand, er könne am besten für gesellschaftliche Gerechtigkeit sorgen, die arbeitenden Menschen durch direkte und indirekte Steuern in hohem Maße enteignet und durch eine Flut von Gesetzen und Bestimmungen unser Leben bis ins Privateste und Kleinste hinein reglementiert.

Wenn dem Bürger mehr als die Hälfte seines Ertrages durch den Staat weggenommen wird, wenn er einen Großteil seiner produktiven Zeit mit Formularen und

Behörden verbringt, wenn er zwangsweise Beitragszahler für Kammern, Verbände, Gewerkschaften oder Sozialversicherungsanstalten ist, dann kann von Mündigkeit und Selbstbestimmung wenig die Rede sein. Weder im angeblich finsteren Mittelalter noch im Absolutismus hatte der Staat so viel Einfluss auf den Alltag der Bürger; nie zuvor gab es so viel Staat. Stärker als je zuvor in der Geschichte der Menschheit reglementiert und dirigiert in unserer Epoche der moderne Staat das Leben seiner Bürger. Dies ist auch nicht dadurch zu begründen, dass alle vier oder fünf Jahre an die Urnen gerufen wird, damit die Stimmbürger den machthabenden Parteien die demokratische Legitimation erneuern.

Statt aller Mythen: Sinn und Zweck der Staatlichkeit

Zur heilsgeschichtlichen Einordnung und Relativierung des Phänomens Staat kommt also noch die geschichtliche. Denn ebenso wie der Staat philosophisch-ideologisch über Gebühr groß gemacht wurde, fand auch eine Geschichtsklitterung statt, die als pseudo-wissenschaftliche Rechtfertigung vieler Etatismen herhalten muss. Der Etatismus ist insofern aber eine besonders gefährliche Ideologie, als er nie als solcher auftritt oder propagiert wird. Er ist der Größenwahnsinnige, der im Gewand des Bettlers daherschlurft, er tarnt seinen Anspruch hinter vielerlei Bescheidenheiten. Reduzierte Geschichtsvermittlung, die uns den Wandel von Staaten und Herrschaften einfach mit bunten Farben auf den Landkarten vermittelt, suggeriert den Eindruck, es habe immer und überall den Staat – und als seinen Untertan den Bürger – gegeben.

Tatsächlich ist die totale Durchdringung aller menschlichen Lebensbereiche eine höchst moderne, neuzeitliche Erscheinung, die aber weiterhin zuzunehmen scheint. Erik von Kuehnelt-Leddihn, einer der ganz großen (und deshalb systematisch verschwiegenen oder sogar willentlich vergessenen) österreichischen Denker unserer Zeit, hat deshalb gemeint: »Der Totalitarismus charakterisiert heute in verschiedenen Härtegraden die ganze politische Landschaft unseres Erdkreises, ausgenommen nur völlig unterentwickelte Länder, denen es an technisch-bürokratischer Erfahrung mangelt, um die Totalisierung des Landes wenigstens stufenweise durchzuführen.« Dabei ist es keineswegs ein Widerspruch in sich, dass die verdeckte Ideologie des Etatismus zugleich mit der offen propagierten und ausgelebten Ideologie des Individualismus wuchs. Der sich nur als Individuum begreifende Mensch meint die Fülle gesellschaftlicher Bindungen – durch Familie, Dorfgemeinschaft, Volksgruppe, Kirche, Vereine et cetera – nicht mehr zu benötigen. Er braucht vermeintlich nur den Staat, der seine Freiheit schützt und garantiert. Diese Entwicklung beschrieb Papst Pius XI. in der Enzyklika »Quadragesimo anno« 1931 so: »In Auswirkung des individualistischen Geistes ist es so weit gekommen, dass das einst blühend und reichgegliedert in einer Fülle verschiedenartiger Vergemeinschaftungen entfaltete menschliche Gesellschaftsleben derart zerschlagen und nahezu ertötet wurde, bis schließlich fast nur noch die Einzelmenschen und der Staat übrig blieben – zum nicht geringen Schaden für den Staat selber.« Und, wie wir ergänzen dürfen, zum noch größeren Schaden für den Menschen. Die zunehmende Atomisierung der Gesellschaft, die Vereinsamung von Menschen vor allem in den Großstädten korrespondiert unmittelbar mit der ungegliederten Vermassung und durch das Fernsehen massiv betriebenen Uniformierung des Denkens.

Zugleich lastet der Staat wie ein schwerer Sargdeckel auf dem gesellschaftlichen Leben. Die Hyperbürokratisierung aller Lebensbereiche, die Einflussnahme des Staates auf das alltägliche Leben, die Besteuerung von jedem und allem (besonders durch die indirekten Steuern), die unaufhörliche und ständig Neues produzierende Flut von Gesetzen und Verordnungen, all das charakterisiert den modernen Staat unabhängig von Staats- oder Regierungsform. Wer eine Bäckerei oder einen Schreibwarenhandel eröffnet ohne einen Juristen und einen Steuerberater zu konsultieren, läuft Gefahr, ungewollt zum Kriminellen zu werden. Wer das Erarbeitete und Ersparte an seine Kinder vererbt, muss Fachleute einschalten, damit nicht der Staat den Löwenanteil kassiert und die Erben in den Bankrott rutschen. Wer ein Kind in die Welt setzt, eine Lehre absolviert, ein Unternehmen gründet, ein Haus baut, der kennt den Spießrutenlauf durch Ämter und Behörden. Hier soll gar nicht die obrigkeitsstaatliche Mentalität mancher Staatsbediensteter (und der damit korrespondierende Untertanengeist vieler Bürger) an den Pranger gestellt werden, sondern das Phänomen der wuchernden Selbstausdehnung des Staates an sich.

Die Erkenntnisse von C. Northcote Parkinson über die Ausdehnung der Bürokratie treffen auch auf das Phänomen Staat insgesamt zu. Dies zu durchschauen und wo immer möglich zu verhindern, ist auch angesichts des sich vertiefenden und damit ausdehnenden europäischen Staatswesens dringlich. Im Augenblick wird zwar viel darüber diskutiert, welche Zuständigkeiten die Europäische Union und welche die Nationalstaaten wahrnehmen sollten, doch viel zu wenig darüber, welche Zuständigkeiten überhaupt der Staat wahrzunehmen hat, und welche sinnvollerweise durch private Organisationen und freiwillige gesellschaftliche

Einrichtungen zu erledigen sind. Dies ist nicht nur eine Frage der grundsätzlichen gesellschaftlichen Ordnung, auf die später noch näher eingegangen wird, sondern auch der Wahrung der Freiheit. Dass ein Abspecken des Staates zu Gunsten gesellschaftlicher und privater Initiativen auch die Verantwortung des Einzelnen erhöht, steht außer Zweifel. Doch die Alternative dazu ist eine weitgehende Entmündigung des Bürgers, die dem demokratischen Pathos spottet. Ein mündiger Bürger, der in der Wahlkabine für die Zukunft seines Landes und seiner Kinder weitreichende Entscheidungen treffen darf, sollte auch für so mündig gehalten werden, über sein eigenes Leben – seine Versicherungen und Pensionsvorsorge etwa – entscheiden zu können.

Darüber hinaus geht es um die Frage, was der Staat eigentlich noch zu leisten imstande ist. Der ÖVP-Politiker Jürgen Weiss, der österreichischer Bundesminister für Föderalismus und Verwaltungsreform und Präsident des österreichischen Bundesrates war, hat zu Recht geschrieben, wir seien »mit einer Minderung staatlicher Leistungsfähigkeit konfrontiert«. Weiss wörtlich: »Nicht mehr alles, was in den Jahren unaufhaltsam scheinenden wirtschaftlichen Aufschwungs von größeren Einheiten mit der Verheißung größerer finanzieller Leistungsfähigkeit an sich gezogen wurde, kann von ihnen heute tatsächlich noch geleistet werden.« Weiss meint optimistisch, »dass in der Selbstorganisation gemeinschaftlicher Aufgabenerfüllung heute auch von den Bürgern selbst wieder stärker ein gesellschaftlicher Wert an sich entdeckt wird«. Wie dilettantisch der alle bevormundende und alles reglementierende Staat agiert, sieht man nicht zuletzt an der stetig wachsenden Staatsverschuldung. Kein Unternehmen, kein Verein, keine Familienkasse könnte so geführt werden wie ganz offenkundig die meisten Staaten geführt werden. Kein Geschäftsführer einer Gesellschaft oder eines Vereins, erst recht kein Familienvater könnte mit Geld so unverantwortlich umgehen wie die meisten Finanzminister!

Während also auf der einen Seite der Staat als alles bestimmender und alles kontrollierender Leviathan (um Thomas Hobbes zu zitieren) agiert, scheint er gleichzeitig den Herausforderungen unserer Zeit nicht mehr Herr zu werden. Gegenüber gigantischen Weltkonzernen, die sich durch internationale Fusionierungen zu immer größeren Einheiten verschmelzen, gegenüber internationalen, von sicheren Kleinststaaten aus operierenden Spekulanten, gegenüber einer seit langem international arbeitenden organisierten Kriminalität erscheinen unsere traditionellen Nationalstaaten wie wichtigtuerische Zwerge, die viel Lärm machen, aber nichts bewirken können. Wie souverän ist eigentlich ein Staat noch, wenn er weder den Wert noch den Fluss seines Geldes bestimmen kann, wenn er – mit oder ohne Grenzkontrollen – dem Walten der Drogen-, Waffen- und Menschenhändler (um nur die lukrativsten Geschäftszweige der organisierten Kriminalität zu nennen) nur mehr ohnmächtig zusehen kann, wenn er dem Völkermord vor seiner Haustüre kein Ende setzen kann? Wie können Italien, Griechenland oder Belgien heute die innere Sicherheit ihrer Bürger garantieren? Wie können Österreich, Finnland oder Polen die äußere Sicherheit gewährleisten? Können sich Großbritannien, Spanien, Frankreich oder Deutschland noch wirtschaftlich autark wähnen?

Sind die europäischen Nationalstaaten noch in der Lage, »pax et tranquillitas«, Friede und innere Ordnung, geschweige denn allgemeine Wohlfahrt zu sichern? Können Sie im Zeitalter der Globalisierung überhaupt noch eine bedeutende Rolle spielen, sei es in der Bekämpfung der Kriminalität, sei es in der Steuerung der nicht minder global organisierten Wirtschaft, sei es im effizienten Schutz von Umwelt und natürlichen Lebensgrundlagen? Im Zeitalter der Globalisierung sind die Modelle von nationalem Protektionismus, Autarkie-Bestrebungen, Subventionspolitik oder Schutzzöllen zum Scheitern verurteilt. Eine Regierung, die durch überhöhte Lohnnebenkosten und Steuern die Wirtschaft würgt, vertreibt internationale Investoren und provoziert die Abwanderung von Arbeitsplätzen ins Ausland. Nur die kleinen und mittelständischen Unternehmer, vor allem aber die Bauern, sind an Region und Staat gebunden. Doch ungeheuere Geldsummen wandern heute um den Globus und suchen sich dort eine Heimat, wo sie vom Staat möglichst wenig behelligt werden.

Man kann dies als unsozial oder kapitalistisch bezeichnen. Tatsache ist, dass der »Turbo-Kapitalismus«, den Edward Luttwack in seinem gleichnamigen Buch beschreibt, den USA einen einzigartigen wirtschaftlichen Aufschwung beschert hat, dem die Europäer nur neidisch hinterdreinblickten. Für eine breite Bevölkerungsschicht war und ist die seit Ende der siebziger Jahre in Amerika einsetzende Deregulierung, Privatisierung und Wettbewerbs-Freisetzung eine Chance, zu Wohlstand oder Reichtum zu kommen. Die nationalen wie die europäischen Politiker sehen darin überwiegend kein Vorbild, und zwar aus einem Grund: Während ein großer Bevölkerungsteil zu Wohlstand kam, rutschte ein anderer, nicht minder großer in Armut und Kriminalität. Also ruft man in Europa nach dem Staat, der dem Kapitalismus eine soziale Dimension geben muss, um wirtschaftliche Extreme auszugleichen, soziale Gerechtigkeit zu wahren und damit gesellschaftliche Stabilität zu gewährleisten. Dies ist ohne Zweifel auch eine Aufgabe des Staates, denn die gesellschaftliche Stabilität ist der entscheidende Faktor der inneren Sicherheit. Luttwack meint mit Blick auf die Vereinigten Staaten: »Der Zusammenhang zwischen dem Turbo-Kapitalismus und der Verbrechensstatistik ergibt sich aus den technischen und strukturellen Veränderungen, denen viele Arbeitsplätze in der Industrie zum Opfer gefallen sind.«

Der von Luttwack beschriebene Turbo-Kapitalismus beruht auf der totalen Privatisierung, der Befreiung der Unternehmen von staatlicher Reglementierung und von gewerkschaftlicher Kontrolle, der Abschaffung von Zollschranken und Investitionsbeschränkungen. Dazu gehört nach seiner Definition auch die Privatisierung nicht-gewinnorientierter Unternehmen wie Schulen, Universitäten, Gefängnisse, Bibliotheken, Altersheime oder botanische Gärten. Luttwacks Urteil: »Der schnelle Wandel vermehrt den Reichtum der Welt, ermöglicht ärmeren Ländern und Regionen den Anschluss an die führenden Industrienationen und bietet einfallsreichen Menschen auf der ganzen Welt eine Chance, überfordert aber gleichzeitig auch auf brutale Art und Weise die

Anpassungsfähigkeit des Individuums, der Familien und sonstigen Gemeinschaften.«

Ein Musterbeispiel für die Auseinandersetzungen, die uns künftig immer stärker beschäftigen werden, war eine Debatte im Januar 2000 im Straßburger Europaparlament. Mehrere Europaabgeordnete, vor allem aus der grünen und linken Fraktion, hatten die Kommission zu einer Initiative für eine Besteuerung kurzfristiger Finanztransaktionen aufgefordert, weil internationale Spekulationen zu Finanz- und Währungskrisen führen würden. Kommissar Bolkestein lehnte eine solche Steuer ab, weil davon auch nicht-spekulative Transaktionen betroffen wären und ein Eingriff in die Kapitalflüsse eine Verletzung der Römischen Verträge wäre. Die Europäische Kommission sei gegen eine Einschränkung von Kapitaltransaktionen, erklärte Bolkestein: »Auf Grund meiner Funktion bin ich gegen alle Maßnahmen, die den internationalen Finanzverkehr erschweren. Meiner Meinung nach steht die Tobin-Steuer auf Kriegsfuß mit den Römischen Verträgen.« Der Vertreter der portugiesischen Ratspräsidentschaft, Lissabons Europa-Staatssekretär Francesco Seixas da Costa, erklärte lediglich, dass der Rat keine Initiative ergreifen könne, weil dafür die Kommission zuständig sei.

Unter den Europaabgeordneten gab es einen heftigen Schlagabtausch: Eine derartige Steuer würde nach Ansicht des österreichischen Christdemokraten Othmar Karas die Kapitalmärkte stark belasten, die Rentabilität von Investitionen einschränken und dem europäischen Prinzip der freien Kapitalbewegung entgegenstehen. Sie würde außerdem zu einem hohen Verwaltungsaufwand und einer Verunsicherung der Kapitalmärkte führen, argumentierte Karas. Der Münchner Grüne Wolfgang Kreissl-Dörfler warf Kommissar Bolkestein politische Ignoranz vor. Der SPÖ-Abgeordnete Hans-Peter Martin beschrieb die Gefahr wirtschaftlicher Instabilität durch weltweite Spekulationen. »Wir haben zur Liberalisierung der Finanztransaktionen beigetragen, haben aber kein funktionierendes Regelwerk«, klagte die SPD-Abgeordnete Christa Randzio-Plath. Die Frage der Möglichkeit und Wünschbarkeit einer Besteuerung kurzfristiger Finanztransaktionen müsse geklärt werden, sagte Frau Randzio-Plath.

Kein Wunder, dass bei diesem Thema die Emotionen aufeinanderprallen, handelt es sich doch um ein ideologisches und verständlicherweise höchst emotionales Thema. Ideologisch ist es, weil der alte Gegensatz zwischen Etatisten und Marktwirtschaftlern selten so offenkundig ist. Auf der linken Seite des Straßburger Hohen Hauses plädierten Links-Linke, Grüne und Sozialisten für mehr Staat, mehr Vorschriften und eine Reglementierung der allzu frei und allzu international gewordenen Wirtschaft. Das Misstrauen gegen global agierende Unternehmer sitzt hier tief, die Angst vor dem Kapitalismus lag offen zu Tage. Auf der anderen Seite stehen Liberale, Konservative und Christdemokraten, die den Staat für einen schlechten Unternehmer halten und – bewusst oder unbewusst – einem alten Wahlkampfmotto entsprechend im Zweifel für die Freiheit und gegen den Sozialismus eintreten. Eine christdemokratisch-wirtschaftsliberale Front stimmte alle Initiativen für die sogenannte »Tobin Tax« nieder.

Emotional ist das Thema, weil der sich ausbreitende Turbo-Kapitalismus und die Globalisierung, die viel mehr wirtschaftliche Freiheit als staatliche Kontrolle freisetzt, Ängste auslöst. Vielen Menschen, auch vielen Politikern, sind die gigantomanen Fusionierungen unheimlich, zumal wenn Umsatzvolumen verschmolzen werden, die einem mittelgroßen Staatshaushalt gleichen. Die um die Welt geisternden Milliardensummen, die als spekulatives Kapital für wirtschaftliche Turbulenzen sorgen, stiften Verunsicherung. Andererseits muss man fragen: Leiden wir nicht schon heute unter zu vielen und zu hohen Steuern, zu viel teurer Bürokratie und staatlicher Bevormundung? Und haben nicht gerade der vielgeschmähte Kapitalismus – in Europa meist sozial abgefedert – zu einzigartigem Wohlstand und die Globalisierung zu neuen Chancen geführt? Tatsache ist, dass eine EU-weite Besteuerung internationaler Finanztransaktionen mit den Römischen Verträgen unvereinbar ist. Eine der vier dort definierten Freiheiten ist ja gerade die des Kapitalverkehrs. Aber wie soll die Europäische Union die viel mehr an die Segnungen des Turbo-Kapitalismus glaubenden Industrienationen in Übersee für eine internationale Besteuerung gewinnen können, wenn sie sie im eigenen Rechtsraum nicht einführen kann?

Das Ringen von Etatisten und Marktwirtschaftlern um die gesetzlichen Rahmenbedingungen einer immer stärker global agierenden Wirtschaft ist in eine neue Dimension getreten. Faktum ist, dass der Staat eine schwierige Balance zu halten hat: Einerseits braucht der Einzelne möglichst viel Freiheit, um seine Kreativität,

Phantasie, Einsatzbereitschaft und Produktivität zu entfalten, braucht die Wirtschaft Freiheit, um erfolgreich zu sein und damit Menschen Arbeit und Brot geben zu können, andererseits hat der Staat eine Verantwortung für die Stabilität der Gesellschaft und hier besonders für die Schwächsten in ihr. Es gibt nun einmal Menschen, die weniger produktiv, weniger schnell, weniger arbeitssam oder auch nur weniger skrupellos sind. Es gibt Menschen, deren Talente in der kapitalistischen Gesellschaft nicht geschätzt oder zwar geschätzt, aber nicht finanziell honoriert sind.

Der Markt kann nicht alles regeln, denn die Gesellschaft braucht nicht nur Banker, Steuerberater, Broker, Anwälte, Anlageberater, Unternehmer, Finanzjongleure, ebenso wenig wie sie nur Journalisten oder Politiker braucht. Sie braucht auch Künstler, Philosophen, Altphilologen, Historiker, Archivare, Botaniker, Paläontologen, Pfarrer, Bauern, Soldaten und sogenannte Nur-Mütter. Sie braucht Menschen, die über anderes als Geldverdienen nachdenken, ja sogar solche, die nichts leisten. Die Gesellschaft kann nicht ohne Leistungsträger auskommen, aber sie kann die Leistung auch nicht zum einzigen Maßstab machen. Die wirtschaftliche Leistung zum Kriterium für den Wert oder gar die Würde des Menschen zu machen, hat nichts mehr mit dem freien Markt zu tun. Hier wird der Kapitalismus zum Religionsersatz. Die Lösung besteht also nicht im allmächtigen Staat, aber auch nicht im machtlosen Staat, und erst recht nicht in der Anarchie des freien Marktes und der totalen Herrschaft des Geldes.

Rechtsstaat oder Räuberbande?

Die Europäische Union besteht heute – vor der großen Osterweiterung – aus 15 Staaten. Acht davon sind Republiken, sieben Monarchien. Diese Frage kann also kein entscheidendes Kriterium für die Mitgliedschaft in der EU sein. Auch weisen einige der Mitgliedsstaaten eine eher zentralistische, andere eine betont föderalistische Struktur auf. Manche der Staaten blicken auf eine lange, andere auf eine eher kurze Geschichte und Tradition zurück. Das Zusammenspiel der drei Gewalten – Regierung, Parlament und Rechtsprechung – funktioniert in Theorie und Praxis nicht gleichförmig. Das Wahlrecht ist von Staat zu Staat verschieden und die Union machte zumindest bisher keinen Versuch, diese Systeme anzugleichen. Ja selbst das Europäische Parlament wurde bislang in den Mitgliedsstaaten nach nationalem Europa-Wahlrecht gewählt, wenngleich es hier Initiativen zur Vereinheitlichung gibt. Was ist dann aber das alle verbindende Band, die Gemeinsamkeit, die diese Union über den Status einer Interessensgemeinschaft von Staaten, einen Staatenbund, hinausgehen lässt?

Alle Mitgliedsstaaten der Europäischen Union verstehen sich als freiheitliche, demokratische Rechtsstaaten. Stabile rechtsstaatliche Verhältnisse und eine gefestigte demokratische Ordnung sind laut den Kopenhagener Beschlüssen des Europäischen Rates auch die erste Voraussetzung für Beitrittskandidaten, um mit einer Aufnahme in die Union rechnen zu dürfen. Die beitretenden Staaten haben einen Berg von Bestimmungen zu übernehmen, den sogenannten »acquis communautaire« und werden auf ihre rechtsstaatliche Reife geprüft. Diplomaten und Politiker in jenen Staaten, mit denen Beitrittsverhandlungen geführt werden, stöhnen zunehmend unter der Last immer neuer Anweisungen aus Brüssel. War der EU-Beitritt vor wenigen Jahren noch die große Hoffnung der vom Kommunismus jahrelang gequälten und missbrauchten Völker, so machen sich nun immer deutlicher Misstrauen und Skepsis breit.

Dies mag vor allem drei ernst zu nehmende Gründe haben: Erstens erwecken die Unterhändler der Europäischen Union in den Kandidatenländern nicht immer den in Sonntagsreden beschworenen Eindruck, dass es um eine Partnerschaft gehe, sondern treten oft im Kolonialherrenstil auf. Dies verletzt die Würde jener Völker, die als Freunde und Partner, nicht als Untertanen oder Bittsteller, behandelt werden sollten. Zweitens haben die Esten, Letten und Litauer nicht unter großen Gefahren und Leiden ihre Freiheit von Moskau oder die Slowenen und Kroaten nicht ihre Freiheit von Belgrad erkämpft, um die so gewonnene Souveränität gleich wieder an Brüssel abzugeben. Die Europäische Union täte gut daran, in Worten und Taten deutlich zu machen, dass diese Völker ihr eigenes Wesen, ihre Traditionen und gewachsenen Kulturen nicht – wie im Sowjet- oder Jugo-Kommunismus – aufgeben müssen, sondern unter einem größeren, stärkeren europäischen Dach besser schützen können. Drittens kann man – nicht ohne Grund – den Eindruck gewinnen, dass den heutigen Beitrittskandidaten weit mehr abverlangt wird als den früheren, also dass Polen und Slowenien heute höhere Anforderungen erfüllen müssen als einst Großbritannien oder Griechenland. Dies ist auch tatsächlich der Fall, weil sich aus der ursprünglichen Wirtschaftsgemeinschaft der Sechs bis zum heutigen Tag eine hochkomplexe Rechtsgemeinschaft der Fünfzehn entwickelt hat. Kein Staat kann deshalb im Jahr 2002 der Europäischen Gemeinschaft von 1980 beitreten. Wer Mitglied der Union werden will, muss ihre bisherige Entwicklung akzeptieren und auf dem bisher erreichten Niveau einsteigen. Die Europäische Union ist eben ein Club mit Spielregeln, wie Luxemburgs Premier Jean-Claude Juncker es einst formulierte, oder, besser ausgedrückt, eine Rechtsgemeinschaft.

Deshalb können Staaten dieser Union nur beitreten, wenn sie einwandfreie Rechtsstaaten sind. Nach Jahrzehnten der kommunistischen Diktatur erfordert dies gewaltige Anstrengungen bei der Gesetzgebung, bei der Ausbildung von Richtern und Staatsanwälten, beim Aufbau eines Rechtsbewusstseins und funktionierender Verwaltungen. Bei Richtern und Polizisten, Anwälten und Politikern muss ein rechtsstaatlich orientiertes Berufsethos wachsen, das durch die ideologische Indoktrination der zurückliegenden Jahrzehnte schwer gestört ist. Vor allem aber wäre es in höchstem Maße kontraproduktiv, den Eindruck entstehen zu lassen, dass man von den Beitrittskandidaten etwas verlangt, was langjährige Mitgliedsländer der Europäischen Union ungestraft nicht leisten. Ein Beispiel dafür ist das Problem der Rechtslage von nationalen Minderheiten. In wenigen Staaten Europas gibt es ein wirkliches Volksgruppenrecht. Zwar hat die EU-Kommission zu Recht den Schutz der Minderheiten in den Kandidatenländern angemahnt, nur tut sie das wenig glaubwürdig, solange sich etwa Frankreich oder Griechenland weigern, die Existenz nationaler Minoritäten auf ihrem Staatsgebiet überhaupt zur Kenntnis zu nehmen. Die Standards, die von neuen Mitgliedern erwartet werden, müssen auch von den alten geleistet werden.

Nicht minder schädlich für die Glaubwürdigkeit der Union ist es, wenn zwar ihre Mitgliedsstaaten funktionierende Rechtsstaaten sind, sie selbst jedoch diesem Standard nicht entspricht. Am genannten Beispiel des Volksgruppenschutzes ausgedrückt heißt dies, dass die Europäische Union mit eingeschränkter Glaubwürdigkeit in Mittel- und Osteuropa Volksgruppenrechte einfordert, solange es nicht gelingt, ein Europäisches Volksgruppenrecht durchzusetzen. Wenn die Union nämlich – was ich für erwiesen halte – einen Staat oder zumindest einen Staat im Werden darstellt, dann kann sie nicht nur ein Bund von Rechtsstaaten sein. Anders formuliert: Es ist unerträglich anzunehmen, dass die Union hinsichtlich Agrar- und Umweltpolitik, Wirtschaft und Währung einen Bundesstaat, hinsichtlich der rechtsstaatlichen Qualität jedoch einen Staatenbund – einen Verbund von Rechtsstaaten – darstellt. Ein derartiges Missverhältnis würde zumindest auf Dauer die europäische Staatlichkeit, und letztlich den Europa-Gedanken als solchen, diskreditieren.

Die Frage, ob die Europäische Union ein Rechtsstaat ist (oder, falls man dies negiert, wie sie einer werden kann) ist deshalb auf die Tagesordnung zu setzen. Der bereits erwähnte Konvent für eine Europäische Grundrechtscharta stellt zumindest einen Versuch dar, die rechtsstaatliche Dimension der Union manifest zu machen. Je stärker die Integration Europas sich entwickelt, desto wichtiger ist es, auf jene Werte, Grundrechte und ethischen Prinzipien zu achten, die dieses Europa prägen. Dies ist umso dringlicher, als auch in den Nationalstaaten ein Verfall des Rechts und des Rechtsbewusstseins beobachtet werden kann. Was also ist ein Rechtsstaat? Was unterscheidet ihn von einer Interessensvereinigung, einer Versicherungsgesellschaft oder einer hochorganisierten Räuberbande?

Dabei geht es um die formale wie die inhaltliche Seite. Der Unterschied zwischen Recht (im objektiven Sinn) und den Gesetzen (als dem gesetzten Recht) wird bei Marcus Tullius Cicero deutlich, der in seinem Werk »De legibus« schrieb: »Wenn das Recht durch Volksbeschlüsse, Erlasse der Fürsten oder Entscheidungen von Richtern begründet würde, dann wäre es Recht zu rauben, Recht, Ehebruch zu begehen, Recht, falsche Testamente zu unterschreiben, wenn das durch Abstimmungen oder Verordnungen der Menge gutgeheißen würde.« Cicero folgert, dass Gesetze nur dann gerecht sein können, wenn sie mit der Norm der Natur in Einklang stehen. Der Philosoph und Staatsmann Lucius Annaeus Seneca, der Erzieher Kaiser Neros war und später Opfer von dessen Tyrannei wurde, prägte das Wort, Staaten ohne Gerechtigkeit seien ins Unabsehbare gewachsene Räuberbanden. Ganz ähnlich argumentiert der heilige Augustinus in seinem »De civitate Dei«: »Was anderes sind also Reiche, wenn ihnen Gerechtigkeit fehlt, als große Räuberbanden? Sind doch auch Räuberbanden nichts anderes als kleine Reiche.« Auch Räuberbanden – da hat Augustinus offenbar ähnliche Erfahrungen wie unsere Zeit – sind von Einzel- und Gruppeninteressen geleitete, geordnete Gemeinschaften.

Wir haben im 20. Jahrhundert mehrfach erlebt, dass Räuberbanden sich als eine Art Gegenstaat etablieren konnten. So hat beispielsweise die sizilianische Mafia durchaus ihr eigenes Gesetz, ihre eigene Steuer, ihr eigenes Staatsgebiet, ihre eigenen Sanktionen. Die vermeintliche Explosion der Kriminalität in Russland nach dem Zusammenbruch des Kommunismus war im Grunde nichts anderes als eine Art der Privatisierung des Kriminellen: Zuvor war der Staat selbst durch die Partei, das KGB und viele Behörden der Mörder, Zuhälter, Dealer oder Erpresser. Die heute vielfach weltweit operierende organisierte Kriminalität weist ihrerseits viele Merkmale der Staatlichkeit auf, etwa die Definierung eines Territoriums, die Beanspruchung eines Gewaltmonopols, strenge und anerkannte Hierarchien, die Formulierung von Gesetzen und deren Sanktionierung durch Strafen. Auch Räuberbanden verfolgen Gemeinschaftsinteressen und kennen ihre eigene innere Ordnung.

Augustinus hat dies am Beispiel eines Seeräubers erzählt, der von Alexander dem Großen gefangen wurde. Alexander habe den Seeräuber gefragt, was ihm denn einfalle, das Meer unsicher zu machen. Laut Augustinus antwortete der Räuber: »Und was fällt dir ein, dass du das Erdreich unsicher machst? Freilich, weil ich's mit einem kleinen Fahrzeug tue, heiße ich Räuber. Du tust's mit einer großen Flotte und heißt Imperator.« Woraus Augustinus schließt, dass »doch auch Räuberbanden nichts anderes als kleine Reiche« seien. Der Größenunterschied hat sich mittlerweile relativiert. Vor einigen Jahren etwa hatte ein international gesuchter kolumbianischer Drogenboss, Pablo Escobar, seinem Heimatstaat öffentlich angeboten, die gesamten Auslandsschulden Kolumbiens persönlich zu bezahlen, falls man ihm garantiere, ihn nicht an die USA auszuliefern. Wer war in diesem Fall »souverän«? Viele Drogenkartelle sind heute viel reicher als mancher Staat. Es steht wohl außer Zweifel, dass die meisten mafiosen und international organisierten kriminellen Vereinigungen weit besser organisiert sind, als die Mehrzahl der Staaten. Auch war verschiedentlich zu beobachten, dass Räuberbanden sich eines Staates bemächtigten oder gar selbst zu Staaten wurden. Interessant ist in diesem Zusammenhang etwa die Wandlung der PLO des Jassir Arafat, die sich von der terroristischen Organisation zur staatstragenden Größe des palästinensischen Autonomiegebietes wandelte. Arafat selbst, einst ein entschiedener Gegner des ägyptisch-israelischen Friedensabkommens von 1979, stieg zum Friedensnobelpreisträger und weltweit hofierten Staatsmann auf.

Entscheidend ist, was den Staat qualitativ, nicht nur quantitativ, von der wohlorganisierten Räuberbande unterscheidet. Die von Augustinus gegebene Antwort darauf lautet: Gerechtigkeit. Den Staat – der schon angesichts der modernen Steuersysteme dem Bürger oft in Gestalt einer Räuberbande entgegentritt – unterscheidet von der Räuberbande nur ein über Gruppeninteressen und Mehrheitsmeinungen hinausgehender universeller Maßstab: die Orientierung an der Gerechtigkeit. Ein Staat, der die Meinung und das Interesse einer Partei, einer Klasse, einer Rasse oder auch der bloßen Mehrheit zum absoluten Kriterium macht, degeneriert zur Räuberbande. Dieser aber braucht der Bürger in jedem Fall keine Loyalität mehr entgegenzubringen; unter bestimmten Voraussetzungen kann sogar aktiver Widerstand gegen einen derart degenerierten Staat berechtigt oder sogar sittlich geboten sein. Man erinnere sich an die heikle, doch weiter aufrechte Lehre der katholischen Kirche vom Recht auf Tyrannenmord, die schon Thomas von Aquin brillant dargelegt hat. Die Räuberbande kann strafen, aber sie kann nicht im Gewissen verpflichten; sie kann den einzelnen oder eine Minderheit der Freiheit berauben oder sie töten, aber sie kann keine moralische Autorität beanspruchen.

Das geordnete, staatlich zugelassene und teilweise sogar durch den Staat organisierte Töten ungeborener Kinder ist ein treffendes Beispiel dafür. Der rechtsstaatliche Grundsatz, dass niemand über dem Gesetz, aber auch niemand außerhalb des Gesetzes steht, ist hier eklatant verletzt. Es geht nicht mehr um Gerechtigkeit, sondern um die Interessen mancher Geborener gegen manche Ungeborene. Das Lebensrecht von Menschen wird hier ohne Prüfung im Einzelfall pauschal den sozialen, finanziellen, egoistischen oder auch gesundheitlichen Interessen anderer untergeordnet. Besonders ungeheuerlich ist dieses Unrecht deshalb, weil es gerade die wehrlosesten, also des Schutzes am meisten bedürftigen Mitglieder der Gesellschaft trifft. Gesellschaftlich betrachtet ist die massenhafte Abtreibung ein Beweis dafür, dass wir auch nach zwei Jahrtausenden der Christianisierung noch immer fürchterliche Barbaren sind. Auf den Staat bezogen jedoch stellt sich hier die Frage, ob das Prädikat »Rechtsstaat« überhaupt noch zutreffend ist. Die selbst von kirchlichen Würdenträgern mitunter geäußerte Meinung, man dürfe gegen Abtreibungen nicht mit dem Strafrecht vorgehen, sondern solle »helfen statt strafen«, ist die endgültige Verabschiedung vom Rechtsstaat. Dieser beruht nämlich gerade darauf, dass er Verstöße gegen die Rechtsordnung nicht nur, aber auch mit Strafen ahndet. Wenn Steuervergehen oder Eigentumsdelikte strafrechtlich geahndet werden, um wie viel mehr müsste dann auch das höchste aller Rechtsgüter – das Recht auf Leben – mit Hilfe des Strafrechts geschützt werden?

Nüchtern betrachtet geht es nur um zwei Fragen: Die erste, und zwar wissenschaftliche und keinesfalls religiöse, ethische oder ideologische, lautet: Handelt es sich bei dem ungeborenen Kind um einen Menschen? Wissenschaftlich ist völlig eindeutig, dass es sich beim Embryo nicht um ein Mineral, eine Pflanze oder ein Tier – auch nicht um einen himbeerartigen Zellklumpen, wie ein deutscher Verfassungsrichter meinte – handelt, sondern um einen Menschen. Die zweite Frage, die zweifellos ethischer Natur ist, lautet: Darf man einen unschuldigen Menschen töten? Nur wer diese Frage bejaht, kann zu einer Abtreibung stehen. Doch mit derselben Konsequenz könnte er für die Tötung von Geisteskranken, körperlich Behinderten, Alten, Arbeitslosen, Ausländern, geistig Behinderten, Brillenträgern, politisch Inopportunen eintreten. Im Fall der unheilbar Kranken und pflegebedürftigen Alten geschieht dies schon teilweise. Die im Namen des Liberalismus und der Selbstbestimmung vorgetragene Forderung nach einer Freigabe der aktiven Sterbe(nach)hilfe ist eine der großen Gefahren in einer an Überalterung leidenden Gesellschaft. Wie leicht kann es human erscheinen, den Alten und Kranken die Chance zu geben, sich freiwillig aus dem Leben medikamentieren zu lassen? Doch, darauf hat jüngst Wiens Erzbischof, Kardinal Christoph Schönborn, hingewiesen, wäre diese Freiwilligkeit oft eine von den lieben Verwandten und der Gesellschaft erzwungene. Wenn unser Leben zu unserer eigenen absoluten Disposition steht, relativiert sich sein Wert. Die rasante Entwicklung der Euthanasie in den Niederlanden ist ein warnendes Beispiel dafür, das in Europa nicht Schule machen sollte. Mit einem Wort: Die Prinzipien des Rechtsstaates gelten nicht mehr, wo beim Recht auf Leben Ausnahmen gemacht werden. An die Stelle des Staates ist die Räuberbande getreten.

Das Recht als Grundlage einer menschenwürdigen staatlichen Ordnung braucht nicht eine möglichst große Zahl von Gesetzen und Paragraphen, sondern die klare Orientierung an der Gerechtigkeit. Gesetze können an sich ungerecht sein, sie können Menschen zu Unrechtstaten verleiten oder Bürger kriminalisieren. Eine in vielen Diktaturen gerne angewandte Methode war es, den Bürgern möglichst viele und unübersichtliche Gesetze aufzuerlegen. Wenn es niemandem mehr möglich ist, sich an die Gesetze zu halten, ist es dem Staat jederzeit möglich, jeden Beliebigen als Kriminellen zu identifizieren. Willkür und Terror sind dann Tür und Tor geöffnet. Wenn jeder schuldig ist, dann bestraft der Staat natürlich nicht jeden, aber wen er will. Auch wenn Gesetze in unseren Demokratien selten mit dieser heimtückischen Absicht gemacht werden dürften, sollte der Gesetzgeber doch auch bedenken, ob es dem Bürger noch möglich ist, ohne ständigen Rechtsbeistand seine alltäglichsten Aufgaben zu erledigen.

Eine »Neubesinnung auf die Grundlagen objektiver Gerechtigkeit«, wie sie der Salzburger Rechtsgelehrte Wolfgang Waldstein seit vielen Jahren mit hoher Kompetenz fordert, tut Not. Wenn die Einigung Europas einen Sinn hat, dann den, den Europäern eine menschenwürdige Existenz heute und morgen zu sichern. Darum muss der europäische Staat von morgen eine Rechtsordnung sein. Europa muss ein Rechtsstaat sein. Dies setzt aber voraus, dass der Staat um seine Dienstfunktion weiß, die das deutsche Grundgesetz so ausgedrückt hat: »Die Würde des Menschen ist unantastbar. Sie zu achten und zu schützen ist Verpflichtung aller staatlichen Gewalt.« Der Weg zurück zu diesem Grundsatz ist für manche bereits sehr weit.

Wie wird Europa bürgernah?

Kontrolle ist gut, doppelte Kontrolle ist besser

Jede Bürokratie bedarf der Kontrolle, so viel ist klar. Die Europäische Kommission, die sich im Prozess der Staatswerdung des vereinten Europa schrittweise von der Verwaltung zur Regierung der Europäischen Union entwickelt hat, ist eine solche Bürokratie. Um sie effizient zu kontrollieren entwickelte der Oberpfälzer Europaabgeordnete Heinrich Aigner bereits Anfang der achtziger Jahre den Europäischen Rechnungshof und im Europaparlament einen Ausschuss für Haushaltskontrolle. Deren Recherchen trugen schließlich maßgeblich dazu bei, dass Machtmissbrauch, Korruptionsverdacht und Vetternwirtschaft in der von Jacques Santer geführten Kommission an die Öffentlichkeit gelangten und letztlich zum kollektiven Rücktritt der Kommission führten. Die Kontrolle hatte sich also bewährt, doch was in der Öffentlichkeit präsent blieb, war das Bild eines verfilzten, korrupten und undurchsichtigen Europa, nicht jenes der funktionierenden Kontrolle und Gewaltenteilung. Die Quittung dafür bekamen paradoxerweise die Abgeordneten des Europäischen Parlamentes serviert – in Form einer niedrigen Wahlbeteiligung bei den Europawahlen 1999.

Nicht nur deshalb ist das Europäische Parlament besonders daran interessiert, die oftmals immer noch ferne und gespenstisch anmutende Union den Bürgern näher zu bringen. »Transparenz« ist geradezu zum europapolitischen Wort des Jahres geworden. Kaum ein europapolitisches Reformdokument, kaum eine programmatische Rede kommt ohne den Ruf nach mehr Transparenz und Bürgernähe aus. Auch bei der Kommission steckt der Schreck über den Sturz der Santer-Mannschaft und das von manchem als demütigend empfundene Neueinsetzungsverfahren für die Prodi-Mannschaft noch in den Knochen. In dem von Kommissar Neil Kinnock erarbeiteten und mit Kommissionspräsident Prodi abgestimmten Reform-Papier der Kommission vom Januar 2000 heißt es deshalb: »Die Ziele der Reformstrategie sind klar: Es gilt, Veränderungen herbeizuführen, die sicherstellen, dass Effizienz, Rechenschaftspflicht, Transparenz, Verantwortung und Dienst am Kunden überall in diesem in seiner Art einmaligen multinationalen öffentlichen Dienst zu festen Arbeitsgepflogenheiten werden.« Arbeitsmethoden müssten modernisiert, neue Systeme geschaffen und neue Standards festgesetzt werden.

Schuldbewusst formulierte Kinnock, der mit der internen Reform der Kommission beauftragt ist, die Kommission habe sich »nicht in einer Weise weiterentwickelt, die den Veränderungen in der Union, in deren Dienst sie steht, Rechnung trägt«. Wörtlich heißt es im Reform-Papier: »Vor allem hat sich gezeigt, dass das Finanzkontroll-, das Prüfungs-, das Planungs- und das Personalsystem der Kommission veraltet sind, den heutigen Anforderungen nicht entsprechen und einer gründlichen Überarbeitung bedürfen.« Allerdings sieht die Kommission offiziell nur einen Grund für all den Missstand: Ihr seien im Laufe der Jahre immer neue Aufgaben, aber nicht die Mittel zu ihrer Erfüllung, übertragen worden.

In einer Pressekonferenz in Straßburg sprach der britische Kommissar von »radikalen Vorschlägen« und einem »nachhaltigen Reformprozess«, »damit die Kommission die beste multinationale Verwaltung in der Welt sein wird«. Der Weg dahin ist weit, das weiß Kinnock. Das im März angelaufende Reformprogramm soll deshalb erst gegen Ende 2002 ganz umgesetzt sein, obgleich Kinnock sagt: »Das Ganze ist äußerst dringlich!« Und so sieht es aus: Finanzmanagement und Finanzkontrolle sollen ebenso modernisiert werden wie die Einstellungs- und Beförderungssysteme. Die Verantwortung der Beamten wird unter anderem durch Dezentralisierung gesteigert. Das Leistungsprinzip soll in die Beförderungssysteme Einzug nehmen. Ein Verhaltenskodex wird nicht nur die Kommissare, sondern auch die Beamten in ihrem Umgang mit den anderen europäischen Institutionen und den Bürgern leiten. Bei der Reform der Finanzkontrolle lässt sich die Kommission auch von den Vorschlägen des Gremiums der unabhängigen Sachverständigen, des sogenannten »Weisenrates«, inspirieren.

Mehr an Bekenntnis zur bisherigen Unzulänglichkeit, mehr an Schuldeinsicht und Willen zur Besserung kann man von einer Behörde vermutlich nicht erwarten. Immerhin heißt es in dem Kinnock-Papier: »Die Kommission als Institution muss dem europäischen Bürger über ihre Tätigkeit Rechenschaft ablegen.« Das Europäische Parlament, die von den europäischen Bürgern demokratisch legitimierte Vertretung, hat deshalb die Aufgabe, die Reformbereitschaft der Behörde wachsam zu beobachten. Man müsse das genau unter die Lupe nehmen, meint der konservative Haushaltsexperte James Elles. Warum sollte er an den Reformwillen der Kommission auch glauben? »Vertrauen ist gut, Kontrolle ist besser«, hatte Lenin einst gesagt. Auf die Verhältnisse der Europäischen Union übertragen, kann man sagen: Kontrolle ist gut, doppelte Kontrolle ist besser.

Bisher schon unterliegt die EU-Kommission der parlamentarischen Kontrolle durch das Europäische Parlament, wahrgenommen vor allem durch den Haushaltskontrollausschuss. Vor dem Parlament muss die Kommission ihre Politik rechtfertigen, aber auch um die Entlastung des Haushaltsvollzugs bitten. Außerdem wird sie vom Rechnungshof überprüft, und mit jährlicher Regelmäßigkeit auch kritisiert. Für die interne Betrugsbekämpfung verfügt die Kommission über ein eigenes, unabhängiges Amt namens OLAF. Doch das alles sei nicht genug, meinen die Abgeordneten in Straßburg: Sie fordern die Schaffung einer »Europäischen Strafverfolgungsbehörde« zum Schutz der finanziellen Interessen der Union. Ein entsprechender Plan ist zwar auch fünf Jahre nach seiner Unterzeichnung erst von vier der fünfzehn Mitgliedsstaaten ratifiziert, doch das Europaparlament lässt sich nicht entmutigen. Ohne einen einheitlichen Rahmen für das Straf- und das

Strafprozess-Recht drohe die Tätigkeit von OLAF wirkungslos zu bleiben, warnen die Abgeordneten.

Ein Ausschuss von Juristen aller Mitgliedsstaaten hatte vorgeschlagen, für die Straftatbestände zu Lasten der Union – also etwa Bestechlichkeit, Ausschreibungsbetrug, Geldwäsche, Hehlerei, Unterschlagung und Amtspflichtverletzung von EU-Beamten – eine eigene Strafverfolgungsbehörde und einen Ermittlungsrichter einzusetzen. Dem schloss sich das Europäische Parlament an, indem es die Regierungskonferenz bat, die Debatte darüber zu beginnen. In der Begründung eines Berichts der CDU-Abgeordneten Diemut Theato, der Vorsitzenden des Haushaltskontroll-Ausschusses, heißt es dazu: »Solche Forderungen sollen in keiner Weise die Schaffung einer umfassenden transnationalen Strafrechts- und Justizordnung erzwingen, sondern sie zielen ausschließlich darauf ab, die Union mit spezifischen Instrumenten zum Schutz ihrer finanziellen Interessen auszustatten.« Und weiter: »Die Schaffung einer Europäischen Strafverfolgungsbehörde bzw. die Einsetzung eines europäischen Staatsanwaltes können offensichtlich nicht mehr länger hinausgeschoben werden.«

Wie Frau Theato forderte auch der holländische Sozialist Michiel van Hulten in einem Bericht »die Ernennung eines europäischen Staatsanwalts ... mit der Zuständigkeit für Straftaten, die von Mitgliedern und Beamten der EU-Organe und -Gremien begangen werden und die finanziellen Interessen der Europäischen Gemeinschaften betreffen«. Van Hulten meint, dass die Betrugsbekämpfungseinheit OLAF diesem Staatsanwalt unterstellt werden sollte. Verabschiedet wurde diese Forderung im Europäischen Parlament allerdings nicht. Immerhin beschloss das Parlament, die Vorschriften über die finanzielle Verantwortung von Beamten für die von ihnen angerichteten Schäden »nicht länger Gremien innerhalb der Kommission zu überlassen«. Damit sollten vielmehr Rechnungshof oder Gerichtshof beauftragt werden. Die Kommission selbst müsse zusehen, allen ihren Beamten und Mitarbeitern »das Gespür für Berufsethik zu vermitteln«, heißt es im verabschiedeten Text. Auch solle die Kommission den vom Europäischen Bürgerbeauftragten entwickelten »Kodex für gute Verwaltungspraxis« annehmen.

Die »individuelle politische Verantwortlichkeit der Kommissionsmitglieder« müsse in den Verträgen verankert werden, meinen die Europaabgeordneten. Genau darüber stolperte einst Kommissionspräsident Jacques Santer, der meinte, seine skandalbelastete Kommissarin Edith Cresson hinter dem Prinzip der kollektiven Verantwortung verstecken zu können. Gerade deshalb aber versteht das Europäische Parlament in dieser Frage keinen Spaß mehr. Es wies die Kommission darauf hin, dass jeder Kommissar, der das Parlament wissentlich irreführt – wie es Frau Cresson nachweislich tat – zurückzutreten habe. Und um ganz sicher zu gehen, dass die Prodi-Kommission die Lektion gelernt hat, wurde ihr die lange hinausgeschobene Entlastung für das Haushaltsjahr 1997 auch nur mit einem Bündel von Auflagen erteilt. Darin heißt es etwa, »dass das Vertrauen der europäischen Bürger in die EU-Institutionen erst dann wiederhergestellt wird, wenn zügig einschneidende Reformen durchgeführt werden«.

Der Jahresbericht des Rechnungshofes sei von der Kommission bisher »zu sehr als lästiges Ritual empfunden worden und nicht als ein nützlicher Beitrag zur Verbesserung der Finanzverwaltung«, kritisiert das Europaparlament. Innerhalb der Kommission sollten die Befugnisse der Finanzkontrolle und der Rechnungsprüfung getrennt, der Personalbedarf definiert und die bisherigen Betrugsfälle bekannt gegeben werden. Kinnocks Reformprogramm und die Forderungen des Europäischen Parlamentes stützen sich auf das, was Kommissionspräsident Romano Prodi selbst in einer seiner ersten Reden in Straßburg forderte. Prodi sagte im Herbst 1999, es gehe darum, das Vertrauen der Bürger in Europa zurückzugewinnen. Zwar sei es gelungen, eine Zollunion und später eine Wirtschafts- und Währungsunion zu schaffen sowie die Grundlagen für eine politische Union zu legen. »Was wir jetzt brauchen, ist eine Union des Intellekts und des Gefühls«, meinte der Kommissionspräsident damals. Deshalb plädierte er wörtlich für »mehr Glasnost« und versprach, »die Kommunikation mit dem Bürger wirklich ernst zu nehmen«. Wenn dies nicht leere Versprechungen waren, sondern ernsthafte und hartnäckig verfolgte Ziele, dann kann möglicherweise tatsächlich gelingen, was Kommissar Kinnock versprach, nämlich die EU-Kommission zur »besten multinationalen Verwaltung in der Welt« zu machen.

Doch nicht nur die verschiedenen Institutionen auf der europäischen Ebene müssen sich gegenseitig kontrollieren. Es muss auch zwischen der nationalen und der europäischen Ebene so etwas wie eine Gewaltenteilung geben. Deshalb fordert der europäische Rechnungshof die Kommission regelmäßig auf, die durch die niedrigeren Ebenen vergebenen EU-Mittel besser zu kontrollieren. Als »Hüterin der Verträge« ist die Kommission auch eine Art Wächterin über den europäischen Geist in den Mitgliedsstaaten.

Ein in jeder Hinsicht treffliches Beispiel für eine Fehlinterpretation der politischen Kontrolle hat sich im Zuge der österreichischen Regierungsbildung im Februar 2000 abgespielt. Die gegen eine FPÖ-Regierungsbeteiligung gerichteten Drohungen der 14 Partner Österreichs in der Europäischen Union waren nicht nur ungewöhnlich, sondern auch mit dem europäischen Geist unvereinbar. Erstens, weil kein formeller Weg gemeinschaftlichen Vorgehens beschritten wurde und im Gegensatz zu landläufigen Meinungen gar nicht die Union als solche handelte, sondern nationale Politiker so lange miteinander gekungelt haben, bis sie im Konsens den vorher nicht konsultierten Partner Österreich unter Druck setzen konnten. Besonders fatal war daran, dass kleinere Staaten offensichtlich ohne die gebotene Konsultation ins Boot gezwungen wurden (wie Griechenland) und sich die portugiesische Ratspräsidentschaft für diese stümperhafte Aktion hergab. Überdies darf es in der Europäischen Union nicht üblich werden, rein innenpolitische Vorgänge wie Koalitionsverhandlungen oder Regierungsbildungen mittels Drohung und Erpressung zu beeinflussen. Der CDU-Europaabgeordnete Hartmut Nassauer sah darin zu Recht einen »Verstoß gegen europäische Regeln und Gepflogenheiten«. Außerdem ließ der Inhalt der veröffentlichten Erklärung, der weit über die sorgenvollen Äußerungen des Europäischen Parlamentes und der Kommission hinausging, jedes Maß und Ziel vermissen.

Selbstverständlich gibt es unter den Europäern Sorgen, wenn eine jahrelang anti-europäisch agierende Partei Regierungsverantwortung übernimmt. So war es auch nicht erstaunlich, dass sich Politiker in Paris oder Brüssel über eine mögliche Regierungsbeteiligung der FPÖ in Österreich große Sorgen machten. Immerhin warb Jörg Haider 1994 für ein »Nein« beim Referendum über Österreichs EU-Beitritt; dann zog er gegen die gemeinsame Währung zu Felde und schließlich polemisierte er gegen die Osterweiterung. Einfache Recherchen in Österreich hätten aber ergeben, dass Jörg Haider zwar ein (erfolgreicher) Demagoge und Populist ist, aber kein Faschist, kein Anti-Semit und auch keine Neuauflage von Adolf Hitler. Man kann Haiders Ansichten über die Integration von Ausländern oder die Vertiefung der europäischen Einigung politisch bekämpfen, aber man kann den Österreichern nicht verbieten, ihn zu wählen, und der ÖVP nicht, mit ihm eine Regierung zu bilden. Mit ihrem kenntnis- und maßlosen Vorgehen erreichten die EU-Partner jedoch genau das Gegenteil des Wünschenswerten: In Österreich erhielt Europa einen bis dahin ungeahnten, zwiespältigen Beigeschmack. Kenner der Lage hatten auch auf der europäischen Ebene darauf hingewiesen. So sagte der Vizepräsident des Europaparlaments, Ingo Friedrich, damals in Brüssel: »Die Erklärung der portugiesischen Ratspräsidentschaft schadet der Europäischen Union. Sie stärkt die Position Haiders, indem sie immer mehr Menschen in Österreich dazu bringt, sich mit ihm zu solidarisieren und sich der Einmischung von außen entgegenzustellen. Sie führt dazu, dass sich in weiten Teilen Europas viele Menschen gegen die Einmischung der europäischen Ebene insgesamt auflehnen, was zu einer Anti-Europa-Haltung führt.«

Das Vorgehen der Ratspräsidentschaft und einiger nationaler Regierungen gegen die Regierung in Österreich ließ einen doppelten Verdacht aufkommen: Erstens, dass die Union zwar höchste demokratische Maßstäbe bei den Mitgliedsstaaten anlegt, diesen aber selbst nicht gerecht wird. Über die Maßnahmen gegen Österreich, die wohlweislich als »bilateral« und nicht als gemeinschaftlich beschrieben wurden, gab es mit dem damaligen Außenminister und späteren Kanzler Wolfgang Schüssel keinen Dialog und erst recht keine Abstimmung im Ministerrat. Österreich wurde ohne Beweisaufnahme, ohne Verfahren, ohne die Chance zur Verteidigung verurteilt. Zweitens entsteht der Eindruck, dass die Nationalstaaten in einer höchst rigiden Weise bereits völlig entmündigt sind. Die schamlose Erpressung eines kleinen, demokratisch gefestigten Staates durch die Granden des Rates der Europäischen Union ist geschichtlich beispiellos und hat dem europäischen Gedanken schweren Schaden zugefügt. So stellt sich wohl auch die Frage, wie nicht nur Kommission und Parlament, sondern auch der Rat der EU und die nationalen Machtpolitiker in ihm einer echten europäischen Kontrolle unterworfen werden können, damit die EU nicht zum Spielball einiger Machtmenschen werden kann.

Das Ende einer Legende: Der Nationalstaat zerfließt

In einem Buch mit dem vielsagenden Titel »Bis hierher und weiter« schrieb Otto von Habsburg im Jahr 1974: »So hat der Staat zwar das Münzrecht, ist aber nicht mehr fähig, den Kurs des von ihm ausgegebenen Geldes zu halten. Unsere Regierenden allesamt gebrauchen die gute Ausrede, unsere Inflation sei aus dem Ausland importiert. Trifft dies zu, so beweist es nur, dass unseren Staaten das Münzrecht eben nicht mehr zusteht, weil sie den Wert ihrer Banknoten nicht mehr garantieren können. Kurz gesagt: Sooft heute unsere Nationalstaaten Geld ausgeben, betreiben sie Falschmünzerei.« Habsburgs Äußerung war zu dieser Zeit geradezu revolutionär. Wie konnte man dem Staat auch ernsthaft die Währungskompetenz entziehen wollen? Mittlerweile ist dies geschehen. An die Stelle der nationalstaatlichen Anarchien von elf mehr oder weniger stabilen Klein- und Kleinstwährungen ist der Euro getreten. Die Hoheit in Währungsfragen ist den Nationalstaaten bereits entzogen und einer von der Politik recht unabhängigen Europäischen Zentralbank mit Sitz in Frankfurt übertragen.

Wie einschneidend dieser Schritt auch psychologisch ist, kann man vielleicht am ehesten in einem EU-Staat ermessen, in dem man sich noch gegen die Aufgabe der eigenen Währung zu Gunsten der Europawährung sträubt: in Großbritannien. Auf jeder britischen Pfundnote bestätigt der »Chief Cashier« der Bank of England mit seiner Unterschrift folgenden Spruch: »I promise to pay the bearer on demand the sum of … pounds«. Eine ganz konkrete Person garantiert hier also mit seinem Namen den Wert des Papierscheins, den man in der Hand hält. Doch die Sache ist ein Schwindel: Garantiert ist nur, dass man für das Papier auch die gleichwertige Summe von Münzen derselben Währung bekommen kann. Eine höchst archaische Vorstellung vom Geldwert, denn die faktische Kaufkraft kann weder im Inland noch im Ausland garantiert werden. Um bei den Kursschwankungen des britischen Pfundes in den zurückliegenden Jahrzehnten nicht seekrank zu werden, bedarf es jahrhundertelanger nautischer Tradition und großer Seetüchtigkeit.

Die Einführung einer europäischen Währung war im Grunde nur die Konsequenz aus der immer engeren wirtschaftlichen Verschmelzung des EU-Gebietes. Eine gemeinsame Währung als Vollendung des gemeinsamen Marktes schien auch den Pragmatikern unter Europas Politikern letztlich unausweichlich. Der gemeinsame große Wirtschaftsraum sollte nicht länger durch die Turbulenzen von nationalen Währungsschwankungen oder Abwertungen verunsichert werden. Dass dadurch eine neue Weltwährung geboren wurde, die im Gegensatz zu den vielen nationalen Währungen ihren selbstständigen Platz neben dem Dollar einnehmen kann, war nur der Nebeneffekt. So wie die gemeinschaftliche Währung eine Konsequenz des gemeinsamen Marktes war, wird jedoch die gemeinsame Wirtschafts- und Finanzpolitik zur Bedingung einer funktionierenden gemeinsamen Währung. Es geht also nicht nur darum, dass die europäische Ebene punktuell Zuständigkeiten übernimmt, die traditionell – wie das Münzrecht – Zeichen hoheitlicher Gewalt sind. Es geht im Kern darum, dass die Europäische Union zunehmend an Staatsqualität gewinnt, während die Nationalstaaten hoheitliche Befugnisse abgeben.

Sind die Nationalstaaten also noch Staaten im klassischen Sinn, sind sie noch souverän? Es stellt sich die Frage, ob sie es außerhalb der Union sein könnten. Sind Staaten, die weltpolitisch keine Rolle spielen und deren Wohlstand und Wirtschaftsentwicklung größtenteils von ausländischen oder globalen Mächten abhängen, die auf Importe angewiesen sind, um ihre Bevölkerung zu ernähren, und auf Exporte, um die Wirtschaft in Gang zu halten, überhaupt souverän? Waren die nach dem Ersten Weltkrieg gegründeten Kleinstaaten westlich von Russland und östlich von Deutschland souverän? – Als sich die beiden Diktatoren in Berlin und Moskau geeinigt hatten, verschwanden sie in kürzester Zeit von der Landkarte. Im weltweiten Maßstab gilt Ähnliches heute von Deutschland oder Frankreich. Wollen wir uns wirklich der Illusion nationaler Souveränität hingeben, um uns außenpolitisch von den Vereinigten Staaten dirigieren zu lassen (wie in den Golfkriegen gegen Saddam Hussein), um von Washingtoner Entscheidungen abzuhängen (wie beim westlichen Vorgehen in den Balkankriegen), um wirtschaftspolitisch auf New York und Tokio zu schielen? Oder steckt in Europa noch genug Lebenskraft, das scheinbar Trennende zu überwinden oder zumindest hintanzustellen, um gemeinsam seine Ideale und Interessen in der Welt zu vertreten?

Machen wir uns doch einmal die Größenordnungen deutlich: In Indien lebt nach aktuellen Schätzungen mehr als eine Milliarde Menschen, in der Volksrepublik China mehr als 1,3 Milliarden – also mehr als sechzehnmal so viele wie im bevölkerungsreichsten Staat Europas, in Deutschland. Die indische Stadt Mumbai (das frühere Bombay) hat mehr als zehn Millionen Einwohner, also mehr als die Republik Österreich. Jeder einzelne europäische Staat für sich ist heute im weltweiten Maßstab ein Kleinstaat. Zusammen jedoch bildet die heutige Europäische Union mit rund 375 Millionen Einwohnern den stärksten Wirtschaftsraum der Welt. Die Vereinigten Staaten von Amerika, die die meisten Europäer politisch immer noch als eine Art großen Bruder betrachten, sind wirtschaftlich in vielen Fällen ein unmittelbarer Konkurrent der Europäischen Union. Man denke nur an die Streitereien über die Einfuhr von Hormonfleisch und Dollar-Bananen. Es wurde vor einigen Jahren mit Recht gesagt, das vereinte Europa sei ein wirtschaftlicher Riese, doch ein politischer Zwerg. Dieses Missverhältnis – das sich in den Beziehungen zu Washington besonders deutlich manifestiert – ist nur dadurch auszugleichen, dass man Europa auch die notwendige politische, insbesondere außenpolitische Dimension, verleiht, damit es eine ihm angemessene Rolle in der Welt spielen kann. Die herkömmlichen Nationalstaaten sind dazu jedenfalls nicht in der Lage. Das sollten wir spätestens in den Kriegen vor unserer

Haustür, in Kroatien und Bosnien-Herzegowina, begriffen haben.

Deshalb drängt sich die Frage auf, ob Staaten nicht dadurch an Souveränität gewinnen können, dass sie sich zu größeren, stärkeren Einheiten zusammenschließen. Im Gegensatz zum früheren Ostblock gewinnt die Europäische Union ja nicht durch militärische Expansion an Größe, sondern durch den freiwilligen Beitritt immer neuer Staaten. Sie gewinnt auch nicht durch die putschartige, systematische Entmachtung der Staaten an Dichte, sondern durch eine seit Jahrzehnten erfolgende Kompetenzabtretung. Könnten nicht die Europäer insgesamt dadurch souveräner werden, dass Fragen von europaweiter Dimension auch europäisch wahrgenommen werden?

Die Union ist aber auch kein unverbindlicher Herrenclub, dem man schlimmstenfalls einfach den Rücken kehren kann. Ein Staat, der sich zum Beitritt entschlossen hat und auch nach vielerlei Hürden aufgenommen wurde, kann nicht ohne weiteres wieder seiner eigenen Wege gehen. Er ist an das europäische Recht und die gemeinschaftlichen Beschlüsse gebunden. Unter den Gelehrten gibt es zwar noch immer geteilte Ansichten darüber, ob ein Mitgliedsstaat auch wieder aus der Europäischen Union austreten könne, politisch gilt dies aber als ausgeschlossen. In einer Fragestunde des Europäischen Parlamentes im Oktober 1998 nahm für die damalige österreichische Ratspräsidentschaft die Wiener Außenstaatssekretärin Benita Ferrero-Waldner, Österreichs heutige Außenministerin, zu dieser Frage Stellung. Sie sagte: »Der einseitige Austritt eines Mitgliedsstaates aus den Europäischen Gemeinschaften ist im Vertrag nicht vorgesehen.« Tatsächlich heißt es in Artikel 240 des EG-Vertrages: »Dieser Vertrag gilt auf unbegrenzte Zeit.« Ferrero-Waldner erläuterte, dass weder im EU-Vertrag noch in den drei Gemeinschaftsgründungsverträgen ein einzelstaatliches Austrittsrecht vorgesehen ist. Deshalb komme ein Austritt oder eine Kündigung der Mitgliedschaft durch einen Staat »grundsätzlich nicht in Betracht«. Dann wagte sich die damalige Staatssekretärin und heutige Außenministerin ein wenig auf das Glatteis der professoralen Spekulation, indem sie meinte: »Der Austritt eines Mitgliedsstaates bedürfte der Zustimmung aller übrigen Mitgliedsstaaten und müsste wohl im Wege der Vertragsänderung sowie unter Einhaltung aller allgemeinen Erfordernisse der Wiener Vertragsrechtskonvention erfolgen.«

Jenseits solcher Hypothesen bleibt festzuhalten: Die österreichische Ratspräsidentschaft stellte klar, dass die Europäische Union ein Austrittsrecht nicht kennt. Dies hat nicht nur für die bereits beigetretenen Staaten, sondern auch für die Beitrittskandidaten weitreichende Konsequenzen. Es bedeutet nämlich, dass jegliche Sezession von der Europäischen Union ausgeschlossen ist, selbst wenn die Einstellung von einem Volk und einer Regierung zum Projekt des vereinten Europa sich tiefgreifend wandeln sollte. Das Fehlen eines Austrittsrechts ist ein klarer Beweis dafür, dass jeder beitretende Staat auf einen Gutteil seiner Souveränität verzichtet, und zwar auf weit mehr als ihm im Augenblick des Beitritts selbst bewusst sein kann. Am besten ist dies an den sechs Gründungsstaaten zu sehen: Sie schufen eine »Gemeinschaft für Kohle und Stahl« um sich – freilich nicht ohne ihr maßgebliches Zutun – heute in einer hochentwickelten Rechtsgemeinschaft und politischen Union wiederzufinden. Realität ist, dass ein Staat durch seinen Beitritt einzelstaatliche Hoheitsgewalt unwiderruflich an die Union abtritt.

Dies kann nur jene noch erschrecken, die den Nationalstaat mythisch überhöhen, die also nicht die praktischen Seiten des Staates sehen, sondern seine Identität voraussetzende und Identität stiftende Dimension. Aber beschreibt der Nationalstaat wirklich die Geschichts-, Kultur- und Schicksalsgemeinschaft, die viele in ihm sehen? Wenn ich oben gesagt habe, dass der Staat insgesamt menschheitsgeschichtlich ein junges Phänomen ist, so können wir nun ergänzen, dass der Nationalstaat moderner Prägung in der Geschichte der Staatlichkeit eine eher junge Erscheinung ist. Ursprünglicher als der Nationalstaat – dessen Zeit der Historiker Hagen Schulze in eine revolutionäre, eine imperiale und eine totale einteilt – waren die kleineren Einheiten, die man heute vielleicht Regionen nennen könnte. Bis zum heutigen Tag hält sich der Mythos, dass etwa der italienische oder der deutsche Nationalstaat ein Fortschritt gegenüber der vorherigen Situation der Kleinstaaterei gewesen sei. Deutschland habe durch Bismarcks Reichsgründung erst den Anschluss an die Entwicklung des modernen Europa gefunden, dozieren Geschichtslehrer den wehrlosen Kindern in der Schule. Das Gegenteil ist der Fall: Eine hochkomplexe Ordnung, die gerade in ihrer Komplexität Europa Stabilität und damit relativen Frieden verlieh, wurde mutwillig zerstört. Kaiser Wilhelm I., der persönlich mehr preußisch als deutsch dachte, empfand angesichts der deutschen Reichsgründung Wehmut, weil er um den Untergang der alten Ordnung wusste. Schulze schrieb: »Nur der amorphe Zustand der europäischen Mitte hatte jahrhundertelang Europa in Balance gehalten, und jeder Blick auf die Landkarte zeigte, weshalb: Mitteleuropa, von der Ostsee bis zur Adria und zum Tyrrhenischen Meer, hielt die großen Mächte auseinander, sorgte für Distanz zwischen ihnen und verhinderte unmittelbare Kollisionen. … Jede Machtballung in Deutschland oder Norditalien wirkte daher wie eine Aufkündigung des europäischen Gleichgewichts.«

Zumindest in der historischen Rückschau sollte man ehrlicherweise eingestehen, dass die bismarcksche Reichsgründung nicht den Anschluss der Deutschen an das moderne, eben an das nationale Zeitalter gebracht hat, sondern der Anfang der Zerstörung eines labilen Gleichgewichts war. Die Demütigung Frankreichs musste sich irgendwann entladen, was dann im Ersten Weltkrieg auch geschah. Als Bismarck das Steuer aus der Hand geben musste und Kaiser Wilhelm II. es mit einer Mischung aus nationalem Größenwahn und Dummheit übernahm, war der Weg in den Weltkrieg eröffnet. Doch nicht nur in Deutschland und Italien sind die Regionen geschichtlich betrachtet dem Nationalstaat vorgeordnet, sondern auch in fast allen anderen vermeintlichen Nationalstaaten Europas. Zwischen Krakau und Warschau verläuft nicht minder eine unsichtbare Kulturgrenze als zwischen Rom und Neapel, zwischen Belgrad und Sarajewo, zwischen Kiew und

Lemberg. Es ist kein Zufall, dass es in Schottland gewisse separatistische Bestrebungen gibt, und zumindest ein ausgeprägtes Regionalbewusstsein in Katalonien, in Istrien oder in Bayern. Der Mythos vom Nationalstaat als Geschichtsgemeinschaft ist leicht zu widerlegen.

Zugleich gab es neben dem Regionalen, Heimatbezogenen oder teilweise Provinziellen aber seit der Völkerwanderung und parallel zur zunehmenden Christianisierung auch immer das Bewusstsein von der Zusammengehörigkeit des Abendlandes. Der gesalbte Kaiser war von seinem Idealbild her eben nicht nur Herrscher über ein Reich, sondern zumindest vom grundsätzlichen Ideal her »arbiter mundi«, der Weltenrichter. Sein Anspruch erstreckte sich zumindest theoretisch auf die christliche Welt. Franz Herre schrieb etwa über Karl den Großen: »Carolus Magnus. Dieser lateinische Name drückt allein sein Wesen und sein Wirken richtig aus. Denn er war weder als Karl der Große ein Deutscher noch als Charlemagne ein Franzose. Er war ein letzter Römer und ein erster Europäer, Schöpfer und Repräsentant der abendländischen Einheit.« Von Carolus Magnus über Kaiser Karl V. bis zu Kaiser Franz Joseph I. von Österreich tauchen immer wieder mitteleuropäische Herrschergestalten auf, die sich aus dieser europäisch-abendländischen Perspektive – und keinesfalls national – erschließen lassen.

Doch auch der Mythos von der nationalen Kulturgemeinschaft ist widerlegbar. Romanik und Gotik waren europäische Kulturströmungen; die Renaissance strahlte weit über das politisch zersplitterte Italien hinaus nach Österreich oder Kroatien; der Barock ist eher nach konfessionellen denn nach nationalen Grenzen auszumachen. Trends und Moden verbreiten sich in Europa nicht erst in unseren Tagen weit über Sprachgrenzen oder politische Grenzen. Coudenhove-Kalergi meinte deshalb in seinem Werk »Die Europäische Nation« 1953: »Die Auffassung der Nation als Kulturgemeinschaft, als große Schule, ergibt, dass ganz Europa eine einzige Nation ist, die sich in Zweige gliedert; und dass die völkischen Nationalisten nur Zweige sehen, die sie für Bäume halten, weil ihr gemeinsamer Stamm ihrer Halbbildung verborgen bleibt.« Und im selben Werk widerlegte der Präsident der Paneuropa-Union auch den historisch ohnedies unhaltbaren Mythos von der Nation als Schicksalsgemeinschaft: »Europa ist unser Schicksal! Es ist die große Nation, der wir angehören, das große Vaterland, dem unsere Liebe gilt. Wir wollen uns mit Stolz zu dieser großen Nation bekennen, die der Erde ihre edelsten Werte geschenkt hat und noch heute eine Leuchte der Menschheit ist. Für den Augenblick ist Europa ein Notbau der Politik: es in ein Kunstwerk umzuschaffen, ist die höchste Mission unserer jungen Generation.« Ja ein Notbau der Politik – ein meist funktionierender, aber selten Begeisterung, Hoffnung und Liebe auslösender – das ist das vereinte Europa auch heute. Die Anstrengungen, dieses Europa zu einem Kunstwerk, zu einer liebenswerten Heimat für alle Europäer umzubauen, sind die Herausforderung unserer Tage.

Gegliederte Ordnung

Seit dem Erscheinen des päpstlichen Lehrschreibens »Rerum novarum« vor etwas mehr als hundert Jahren hat die Kirche stets auch zu konkreten sozialen, wirtschaftlichen und politischen Fragen offiziell Stellung genommen. 1931 veröffentlichte Papst Pius XI. die Enzyklika »Quadragesimo anno«, die bis heute nicht nur wegen ihrer scharfen Verurteilung des Sozialismus von Bedeutung ist, sondern auch wegen der klassischen Formulierung eines Grundsatzes, der ein maßgebliches Prinzip für die Struktur des vereinten Europa darstellt: wegen des Subsidiaritätsprinzips. Der Papst beklagte damals, dass die Fülle verschiedenartiger Vergemeinschaftungen, in denen sich das menschliche Gesellschaftsleben früher entfaltet hatte, zerstört worden war, so dass nur noch der Einzelmensch und der Staat übrig blieben. Diese Tendenz, die vom Nationalsozialismus und vom Kommunismus zu einer grausamen Perfektion getrieben wurde, hat ihre Wurzeln im liberalistischen Individualismus und im sozialistischen Kollektivismus. Beide sehen – wenngleich aus unterschiedlichen Perspektiven – den Menschen als ein Sandkorn im Sandhaufen an.

Aus dem christlichen Menschenbild heraus entwickelte Pius XI. eine ganz andere Sicht der Gesellschaft: »Wie dasjenige, was der Einzelmensch aus eigener Initiative und mit seinen eigenen Kräften leisten kann, ihm nicht entzogen und der Gesellschaftstätigkeit zugewiesen werden darf, so verstößt es gegen die Gerechtigkeit, das, was die kleineren und untergeordneten Gemeinwesen leisten und zum guten Ende führen können, für die weitere und übergeordnete Gemeinschaft in Anspruch zu nehmen ...«, heißt es in dem zitierten Dokument. Diese Worte richten sich in erster Linie gegen die Idee des absoluten, allzuständigen Staates. Der Papst sah aber, dass es nicht einfach um den Widerstreit von Staat und Mensch gehen konnte. Der Mensch ist ein geselliges Wesen, der eine Vielfalt sozialer Beziehungen ausbaut, die nicht auf den Staat reduziert werden dürfen.

Seit jeher gibt es ein natürliches Streben des Menschen nach einem möglichst hohen Maß persönlicher Freiheit und gleichzeitig nach einem Höchstmaß an Sicherheit, die ihm eine überindividuelle Ordnung garantieren soll. Diese Sicherheitsgemeinschaft war in Urzeiten die Familie, die Sippe, die Horde. Nicht zuletzt aus dem Streben nach mehr Freiheit und mehr Sicherheit entstanden schließlich größere Gemeinschaften, die freilich ihre Ziele vielfach auf Kosten anderer durchsetzten, so wie einzelne Gruppenmitglieder dies innerhalb ihrer Sozietät auch taten. Während im zwanzigsten Jahrhundert jene Ideologien ihr Unwesen trieben, die den allgegenwärtigen und allmächtigen Staat durchzusetzen versuchten, wusste das Mittelalter, dass Freiheit und Sicherheit nur in einer gegliederten Ordnung in ein menschenwürdiges Gleichgewicht zu bringen sind.

Der Erfinder dieser Art der Gewaltenteilung – und als solche ist das Subsidiaritätsprinzip zu sehen – ist wohl Jitro, der Schwiegervater des Mose. Als er sah, dass Mose mit der Leitung und Rechtsprechung des gesamten Volkes Israel überfordert war, gab er ihm diesen Rat: »Vertritt du das Volk vor Gott! Bring ihre Rechtsfälle vor ihn, unterrichte sie in den Gesetzen und Weisungen, und lehre sie, wie sie leben und was sie tun sollen. Du aber sieh dich im ganzen Volk nach tüchtigen, gottesfürchtigen und zuverlässigen Männern um, die Bestechung ablehnen. Gib dem Volk Vorsteher für je tausend, hundert, fünfzig und zehn! Sie sollen dem Volk jederzeit als Richter zur Verfügung stehen. Alle wichtigen Fälle sollen sie vor dich bringen, die leichteren sollen sie selber entscheiden. Entlaste dich, und laß auch andere Verantwortung tragen!« (Exodus 18, 19–22). Mose hat durch diesen Rat gelernt, Aufgaben zu delegieren und politische wie richterliche Gewalt (die damals nicht getrennt waren) zu dezentralisieren. Er selbst hatte nur noch da einzugreifen, wo ein Problem auf einer niedrigeren Ebene nicht zufriedenstellend gelöst werden konnte. Eben dies meint der Begriff Subsidiarität: »das ergänzende, hilfsweise Eingreifen der größeren Sozialgebilde zu Gunsten der Einzelmenschen und der kleineren Lebenskreise« (Joseph Höffner).

So hat der Staat selbst lediglich eine Hilfsfunktion, nämlich die Pflicht, überall dort zu unterstützen, zu schützen und zu lenken, wo es das gedeihliche Zusammenleben der Menschen unumgänglich macht und eine gesellschaftliche Kraft es nicht hinreichend kann. Der Staat hat kein Recht aus sich, sondern leitet seine Existenzberechtigung daraus ab, dass er für die Menschen ein Höchstmaß an Freiheit bei gleichzeitiger Sicherheit gewährleisten muss. Wären die Menschen alle gerecht, friedfertig und gütig, so bräuchte es keinen Staat. Weil aber der Starke allzu gern über den Schwachen herfällt, weil die Bosheit des einen die anderen bedroht, darum braucht es eine Kraft, die jenseits privater Willkür das Recht durchzusetzen vermag. Dem subsidiären, hilfsweisen Eingreifen des Staates widerspricht es zutiefst, wenn etwa sozialistische Ideologen meinen, die Erziehung der Kinder sei ein Recht der Gesellschaft, das diese den Eltern nur delegiert. Im Gegenteil: nur dort darf die Gemeinde, die Region, der Staat eingreifen, wo der einzelne oder die Familie ihre Aufgabe nicht mehr erfüllen können. US-Präsident Abraham Lincoln (1809-1865) schrieb deshalb, dass die Regierung nicht das Recht habe, sich in Angelegenheiten einzumischen, die die Menschen individuell für sich selbst wahrnehmen können.

Nach diesem Prinzip muss auch die politische Einheit Europas gebaut werden: Nicht als von Brüssel aus regierter Zentralstaat mit einheitlicher Sprache, Kultur, Verwaltung und Rechtsordnung. Ein europäischer Zentralismus wäre künstlich und würde dem Wesen dieses Erdteils fundamental widersprechen, denn Europas Wesen ist die Vielfalt. Ein Beispiel: Weil die europäischen Sprachen viel mit der Identität, der Geschichte, der Kultur, der reichen Literatur und der Mentalität der Völker unseres Erdteils zu tun haben, dann wäre es eine extreme Verarmung, sich auf eine Einheitssprache einzulassen, sei es nun Esperanto (die kulturlose Sprache aus der Dose) oder Latein (was tatsächlich lange Europas Gelehrtensprache war) oder Englisch (die aktuelle

Verkehrssprache in vielen Lebensbereichen). Natürlich wäre es billiger und praktischer, wenn sich beispielsweise alle europäischen politischen Gremien nur noch in einer Sprache verständigen würden, doch wäre es zugleich eine unglaubliche Verarmung. In der Praxis entwickeln sich selbstverständlich in einigen Bereichen dominante Sprachen. Wie einst Französisch die Sprache der Diplomatie war, ist heute Englisch die am meisten verwendete internationale Geschäftssprache. Aber es wäre verrückt, wenn sich die Europäer durch eine offizielle Europa-Sprache und die damit einhergehende Zurücksetzung der vielen, teilweise recht kleinen Sprachen den Zugang zu großen Teilen ihrer eigenen Kultur und Geschichte verschütten würden. Der Zugang zu mittelalterlichen Quellen ist durch die im Sturzflug befindlichen Lateinkenntnisse ohnedies schon fast beendet.

Der Grundsatz der Subsidiarität ist also nicht nur ein praktisches, sondern auch ein moralisches Prinzip. Es versucht, Gewachsenes und Natürliches zu schützen und gegen die Dampfwalze eines auf bloße Effizienz schielenden vermeintlichen Fortschritts zu bewahren. Es bleibt übrigens abzuwarten, ob die Mega-Fusionen im Bereich der Wirtschaft, der Versicherungen und der Banken, die wir heute ständig erleben, wirklich das letzte Wort der Entwicklung sind. Mit der Größe wächst nämlich auch die Trägheit und Schwerfälligkeit der Apparate. Es ist mehr als wahrscheinlich, dass kleinere, flexiblere und innovationsfreudigere Unternehmen den Giganten an den entscheidenden Stellen jene Nadelstiche versetzen werden, die zum Tod der Riesen führen können. Nicht nur in der Natur ist die Mücke wendiger als der Elefant, das kleine Insekt anpassungsfähiger als das große Säugetier. Subsidiarität wehrt sich gegen unnatürliche Machtkonzentrationen und führt zu einer gegliederten Ordnung, in der Probleme auf jener Ebene angesiedelt werden, auf der sie auch gelöst werden können – nicht höher, aber auch nicht niedriger!

Nur jene Kompetenzen dürfen deshalb auf die Ebene der Europäischen Union gehoben werden, die anders nicht mehr sinnvoll und zum Nutzen der Bürger gelöst werden können. Doch die Kehrseite des Subsidiaritätsprinzips ist, dass diese Vollmachten dann auch tatsächlich Europa übertragen werden müssen! Festgeschrieben wurde dieses Prinzip im »Vertrag zur Gründung der Europäischen Gemeinschaft in der Fassung vom 7. Februar 1992«, dem vieldiskutierten »Maastrichter Vertrag«. Dort heißt es in Artikel 3b: »Die Gemeinschaft wird innerhalb der Grenzen der ihr in diesem Vertrag zugewiesenen Befugnisse und gesetzten Ziele tätig. In den Bereichen, die nicht in ihre ausschließliche Zuständigkeit fallen, wird die Gemeinschaft nach dem Subsidiaritätsprinzip nur tätig, sofern und soweit die Ziele der in Betracht gezogenen Maßnahmen auf Ebene der Mitgliedsstaaten nicht ausreichend erreicht werden können und daher wegen ihres Umfangs oder ihrer Wirkungen besser auf Gemeinschaftsebene erreicht werden können.« Analysiert man diesen Text, dann sieht man, dass dadurch nicht nur die Tätigkeit der Europäischen Union begrenzt wird, sondern im Gegenteil auch Prinzipien festgelegt werden, nach denen sich die Union um Politikbereiche kümmert, »die nicht in ihre ausschließliche Zuständigkeit fallen«. Eine flexible Regelung also, die je aktuellen und situationsbezogenen Interpretationen Raum lässt.

Um das im Maastrichter Vertrag so vage gefasste Prinzip exakter zu definieren, wurde im Rahmen des Amsterdamer Vertrags ein »Protokoll über die Anwendung der Grundsätze der Subsidiarität und der Verhältnismäßigkeit« beschlossen. Dort heißt es etwa, dass zur Prüfung der Angemessenheit gemeinschaftlicher Maßnahmen festgestellt werden muss, ob die entsprechenden Ziele nicht auch durch Maßnahmen der Mitgliedsstaaten erreicht werden können. Gefragt wird auch nach den Vorteilen gemeinschaftlichen Handelns, also dem europäischen Mehrwert. Notwendigkeit und Effektivität des gemeinschaftlichen Handelns sind zu beweisen und sollen von allen Organen der Europäischen Union beachtet werden. Dem Europäischen Parlament und dem Rat obliegt es, die Einhaltung des Subsidiaritätsprinzips durch die Kommission zu überwachen.

Wenn nationale Regierungen das Schlagwort »Subsidiarität« verwenden, um Verantwortung, die sie längst überfordert, zu behalten, so verkennen sie dieses Prinzip ebenso wie beispielsweise Regionen, die mit diesem Argument ihre Rechte gegenüber dem Staat behaupten, selbst aber streng zentralistisch sind. Recht verstandene Subsidiarität ist an Bürgernähe bei gleichzeitiger Leistungsfähigkeit des Staates interessiert, an Freiheit und Sicherheit; sie gibt kultureller Vielfalt einen Freiraum und schützt ihn zugleich. Man darf nun allerdings nicht meinen, dass das Subsidiaritätsprinzip alle strukturellen Probleme des Verhältnisses von

Mensch und Staat lösen könnte. Es ist »nur« ein formales Prinzip und braucht unbedingt eine inhaltliche Anreicherung, um Grundlage einer menschenwürdigen Ordnung zu sein. Ohne die rasche und konsequente Durchsetzung des Subsidiaritätsprinzips jedoch werden wir als Europäer entweder mit unseren aufgeblähten, aber leistungsschwachen Nationalstaaten weiterhin eine lahme Ente in der Weltpolitik sein oder aber in einen Brüsseler Zentralstaat schlittern, der einer Diktatur der Bürokraten ähnlicher sein könnte als einem freiheitlichen Rechtsstaat.

Ein relativ aktuelles Beispiel: Die Artikel 81 und 82 des EG-Vertrages erklären wettbewerbsbeschränkende Vereinbarungen zwischen Unternehmen für verboten und trachten den Missbrauch einer marktbeherrschenden Stellung zu verhindern. Da für Freistellungen in diesem Bereich, wie bei den staatlichen Beihilfen und der Unternehmenskonzentration die Europäische Kommission zuständig ist, häuften sich in Brüssel die Anfragen. Etwa 1200 Fälle waren zu Beginn des Jahres 2000 unerledigt. Die Kommission möchte sich deshalb entlasten und das System modernisieren. Einerseits schlug sie zur Modernisierung vor, das bisherige Anmelde- und Genehmigungssystem bei Vereinbarungen zwischen Unternehmen abzuschaffen, andererseits sollte die Stellung der nationalen Behörden und Gerichte bei der Durchsetzung europäischer Vorschriften in der Wettbewerbspolitik gestärkt werden. Ein klassischer Fall von Dezentralisierung. Sofort jedoch betonte das Europäische Parlament, dass der Vorrang des Gemeinschaftsrechtes in Wettbewerbsfragen »nicht in Frage gestellt werden« dürfe, auch wenn man die Entbürokratisierungs- und Dezentralisierungs-Vorschläge einer Behörde, »der eine Neigung zu Bürokratismus und Zentralismus nachgesagt wird«, ernst nehmen müsse. Eine Re-Nationalisierung, die von einigen Abgeordneten als Gefahr an die Wand gemalt wurde, hätte die Rechtssicherheit und die einheitliche Anwendung der Wettbewerbsregeln in der Europäischen Union gefährdet.

Für das Prinzip der Subsidiarität heißt das, dass ebenso wie Mose (auf Rat des Jitro) mit der Durchführung der von ihm proklamierten und gewahrten Rechtsordnung seine Unterführer beauftragte und nur die schwierigsten Fälle selbst wahrnahm, auch die Kommission die Durchführung der europäischen Wettbewerbsordnung den nationalen Behörden und Gerichten überlassen kann, sich aber im EU-weiten Maßstab um die Wahrung der Rechtssicherheit zu kümmern hat. Dies, die Dezentralisierung, ist ein Aspekt der Subsidiarität. Ihr Kern aber ist die Frage der (Nicht-) Delegation von der niedrigeren auf die höhere Ebene. Es bedarf einer durchaus kritischen Prüfung, welche regionalen oder nationalen Kompetenzen auf dieser Ebene wirklich zufriedenstellend erfüllt werden, und welche besser, schneller, effizienter, sinnvoller und billiger auf der europäischen Ebene wahrgenommen werden sollten. Die vielgescholtenen Harmonisierungen oder europäischen Rechtssetzungen machen die Lage für den Bürger in vielen Fällen nicht komplizierter, sondern einfacher, weil sie fünfzehn nationale Regelungen durch eine einzige europäische ersetzen. Das klingt vielleicht ganz einfach, doch erfordert es tagtägliche direkte Entscheidungen. Es ist wohl unmittelbar einsichtig, dass ein europäisches Vorgehen gegen den sexuellen Kindesmissbrauch im Internet sinnvoller ist als ein nationales. Deshalb kann ein Legislativvorschlag des Europäischen Parlamentes zur Bekämpfung der Kinderpornographie im globalen Netz, wie er im April 2000 verabschiedet wurde, auf breite Zustimmung hoffen. Aber brauchen wir wirklich eine europäische Richtlinie über die »Energieeffizienzanforderungen an Vorschaltgeräte für Leuchtstofflampen«, oder lässt sich das auch national regeln? Solche und tausende ähnlicher Fragen stellen sich den europäischen Entscheidungsträgern heute ständig. Sachgerechte Entscheidungen kann man nur auf der richtigen politischen Ebene erwarten, weshalb eine Besinnung auf das Subsidiaritätsprinzip zum Morgengebet jedes Politikers gehören sollte.

Föderalismus als europäisches Grundprinzip

Es wäre ein fataler Irrtum zu meinen, dass mit der Postulierung des Subsidiaritätsprinzips bereits die gegliederte Ordnung des vereinten Europa in eine annehmbare Form gegossen wäre. Das Subsidiaritätsprinzip ist, wie sein Name schon sagt, ein Prinzip. Nicht mehr. Als Prinzip beantwortet es noch nicht die Frage, welche Ebenen eingerichtet werden sollen und wer über die Zuweisung von Kompetenzen an diese Ebenen entscheidet. Erinnern wir uns an den Rat des Jitro, der die bereits bestehende Einheit des Volkes unter dem Führer Mose im Nachhinein zu unterteilen und zu gliedern riet. Mose hatte dazu keine Alternative, denn gewachsene Strukturen – außer den zwölf Großfamilien, die auf die Söhne des Jakob zurückgehen – gab es offenkundig nicht. Um der Effizienz des Handelns willen wirkte er zentralistisch, wie dies auch heute noch viele Führungspersönlichkeiten tun. Doch die Größe des Volkes und die Vielzahl der zu treffenden Entscheidungen machte nachgeordnete Strukturen notwendig. Jitro riet Mose, diese Strukturen zu schaffen.

Doch können wir in diesem Stil heute eine Landkarte der Europäischen Union nehmen und sie mit dem Lineal in »Regionen« einteilen? Was in anderen Teilen der Welt unter teilweise tragischen Begleiterscheinungen geschah – etwa bei den Staaten der USA oder unter den

Kolonialmächten in Afrika – ist in Europa offensichtlich grotesk. Die Europäische Union ist nämlich kein gleichförmiger Einheitsstaat, sondern wuchs aus Staaten zusammen. Diese Staaten ihrerseits bestehen – wenn auch in höchst unterschiedlichem Sinn – wiederum aus Regionen oder Ländern. Manche dieser Länder und Regionen wurden künstlich geschaffen und verdecken oder verdrängen historisch gewachsene Regionen, wie etwa die französischen Departements geschichtsträchtige Länder (beispielsweise Burgund, Aquitanien, die Provence und Lothringen) verdrängen sollten. Andere wurden künstlich geschaffen, haben sich aber als sinnvoll erwiesen und wurden von der Bevölkerung akzeptiert (wie Baden-Württemberg oder Rheinland-Pfalz).

In den meisten europäischen Staaten existieren jedoch geschichtlich gewachsene Regionen, die oft länger als die heutigen Nationalstaaten und bis zum heutigen Tag den Menschen Heimat und Identität bieten: In Deutschland sind dies etwa Bayern und Sachsen, in Frankreich Lothringen und Burgund, in Italien Sizilien oder Calabrien, in Kroatien Istrien, Dalmatien oder Slawonien, in Großbritannien Wales oder Schottland, in Spanien León, Navarra, Kastilien und Aragonien. Die Aufzählung ließe sich lange fortsetzen. Doch hierbei geht es nicht nur um ein territoriales oder strukturelles Modell: Bretone, Baske, Korse, Lothringer, Katalane, Bayer, Schlesier, Sachse, Dalmatiner, Herzegowiner, Steirer, Tiroler, Waliser oder Sizilianer zu sein, ist eine Frage der Identität.

In den Verfassungen der europäischen Staaten hat

diese Tatsache höchst unterschiedlich und teils auch widersprüchlich Platz gefunden. So bekennt sich ausgerechnet die italienische Verfassung einerseits nach französischem Vorbild zur »einen und unteilbaren Republik« und erläutert andererseits, dass der Staat »in Regionen, Provinzen und Gemeinden unterteilt ist«. Fünf der 20 Regionen wird die Rechtsnatur von »enti autonomi« zugesprochen. In Spanien, wo die Regionen als alte Königreiche zweifellos älter sind als der Zentralstaat, vollzog sich nach der zentralistischen Politik von General Franco eine stufenweise Regionalisierung des Landes, die auf die geschichtlichen Gegebenheiten Rücksicht nahm. Ganz im Sinne von Salvador de Madariaga, der geschrieben hatte: »Bekanntlich verbindet sich die fundamentale Einheit der Halbinsel mit einer Mannigfaltigkeit der Formen und Erscheinungen; dieselbe Beobachtung gilt von den Bewohnern.« Spanien gliedert sich heute in 17 autonome Regionen (Comunidades Autónomas) und 52 Provinzen. Die 1812 in der Verfassung von Cádiz unter dem Einfluss Frankreichs vollzogene Gliederung des Landes in Verwaltungsprovinzen fand weitgehend ohne Achtung vor den gewachsenen Regionen statt und schuf eine unitarische Territorialordnung. Erst nach langer zentralistischer Zeit kehrten in Spanien 1978 die gewachsenen Strukturen wieder. Die aus diesem Jahr stammende spanische Verfassung bekennt sich einerseits zur Einheit der spanischen Nation, andererseits aber auch zum »Recht auf Selbstverwaltung der Nationalitäten und Regionen«. Im Senat, der zweiten Kammer der Cortes Generales, sind auch Vertreter der Regionen vertreten, eine schwache, doch immerhin vorhandene Mitwirkungsmöglichkeit an der gesamtstaatlichen Legislative.

Dieses Element ist in Deutschland oder Österreich stärker ausgeprägt, wo die Länder – Vertreter der Landesregierungen wie in Deutschland oder der Landesparlamente wie in Österreich – im Bundesrat eine zweite Kammer der Legislative bilden. Sowohl Deutschland als auch Österreich sind jedoch ausgesprochen föderalistische Staaten. So nennt sich etwa Bayern, um ein besonders markantes Beispiel zu nehmen, nicht aus bloßer Gefühlsduselei »Freistaat« und bezeichnet seine Minister als »Staatsminister«. Bayern verfügt über eine eigene Verfassung (in der vom »Bayerischen Volk« und »seiner mehr als tausendjährigen Geschichte« sowie von einer bayerischen Staatsangehörigkeit die Rede ist), über ein eigenes Konkordat mit dem Heiligen Stuhl und zweifellos auch über echte Staatsqualität. Auch in Österreich hat, trotz der historischen Katastrophe des Ersten Weltkrieges und der Zerstörung historisch gewachsener Einheiten, die Entwicklung der Bundesländer durchaus seine geschichtlichen Gründe. Dennoch votierten im Mai 1919 rund 80 Prozent der Vorarlberger für einen Anschluss ihres Landes an die Schweiz, und in Tirol gab es kurzzeitig die Idee, durch Eigenstaatlichkeit die Abtrennung Südtirols zu verhindern. Der österreichische Föderalismus ist innig mit dem Volksbewusstsein verbunden, was man nicht nur in den beiden genannten westlichen Bundesländern, sondern sehr ausgeprägt auch in Kärnten und der Steiermark erfahren kann. Das Burgenland, traditionell der transleithanischen (also ungarischen) Reichshälfte zugehörig und erst nach dem Ersten Weltkrieg zu Österreich gelangt, spielt dabei sicher eine Sonderrolle.

Das von niederländisch-sprechenden Flamen und francophonen Wallonen besiedelte Königreich Belgien gliedert sich in drei Regionen mit Parlamenten, die in den Bereichen Raumordnung, Umweltschutz, Wohnungspolitik, Wasser- und Energiepolitik, Wirtschaftsförderung, Forschung und Beschäftigung beschränkte Zuständigkeiten haben. Außerdem gibt es die Räte der französisch- bzw. deutschsprachigen Gemeinschaft. In Großbritannien haben sich Schottland und Wales 1997 für ein größeres Maß an Autonomie ausgesprochen. Der Staat gliedert sich in 39 »Counties« (Grafschaften) und sieben »Metropolitan Counties« in England, acht Grafschaften in Wales, 26 Distrikte in Nord-Irland und zwölf Regionen in Schottland. Ob das 1921 vom neuen irischen Staat getrennte Nord-Irland, wo neben Englisch auch Gälisch gesprochen wird, auf die Dauer der Krone unterstellt bleiben wird, muss man abwarten. Doch die fünf Millionen Schotten haben mittlerweile ihr eigenes Parlament. Diese Vielfalt ist trotz einer langen und oft als glorreich beschriebenen Geschichte nicht erstaunlich: Der britische Staat hat seine Ursprünge in den normannischen Gebieten, dem Fürstentum Wales und dem alten Königreich Schottland.

Aber machen wir es uns ruhig ein bisschen schwerer. Betrachten wir beispielsweise Frankreich, das Musterbeispiel des demokratischen und jakobinischen Zentralismus. Wie lebendig auch mehr als 200 Jahre nach der Französischen Revolution regional-feudales Denken bis heute ist, konnte ich erleben, als ich Otto von Habsburg-Lothringen zu einem Treffen lothringischer Nobler auf Schloss Haroue begleiten durfte. Doch auch im Elsass oder in der Bretagne gibt es – ohne einen gefährlichen Sezessionismus – ein deutliches regionales Bewusstsein. Es war interessanterweise die wohl größte moralische Autorität Nachkriegs-Frankreichs, Staatspräsident Charles de Gaulle, der 1969 eine Aufwertung der Regionen vorschlug und schließlich – zerrieben zwischen denen, denen er zu weit, und jenen, denen er zu wenig weit ging – daran scheiterte. Die 1982 von Staatspräsident François Mitterrand eingeleitete Dezentralisierung brachte keineswegs den Abschied von der »république une et indivisible«. Doch im selben Jahr rief die Opposition den Conseil Constitutionnel (Verfassungsrat) an, weil sie vermutete, dass die Konsultierung des korsischen Regionalrates bei den Korsika betreffenden Gesetzgebungsfragen bereits die Unteilbarkeit der Republik und die Einheit der Rechtssetzung infrage stelle, also so etwas wie Föderalismus zulasse. Der Verfassungsrat verneinte dies, betonte jedoch zugleich, dass die Verleihung autonomer Rechtssetzungsgewalt an Gebietskörperschaften auszuschließen sei. Die 22 französischen Regionen sind heute Gebietskörperschaften ohne eigene hoheitliche Gewalt, wenngleich Korsika etwas mehr Eigenverantwortlichkeit zugestanden wurde. Kenner des Landes sehen trotzdem deutliche Anzeichen für ein verstärktes Wiedererwachen regionalen Selbstbewusstseins in Frankreich.

Das vereinte Europa ist nicht die Fusion von Nationalstaaten – ein Modell, das unserem merkantil denkenden Zeitalter vielleicht gefiele –, sondern eine natürliche

Einheit, die die Vielfalt nicht erdrücken darf und kann. Die Vielfalt der Völker und Volksgruppen, der Sprachen und Mundarten, der Traditionen und Bräuche, der Religionen und Konfessionen, der Sitten und Gepflogenheiten, der Mentalitäten und Lebenshaltungen, die in Europa beheimatet sind, lässt diesen Kontinent nicht auseinanderfallen oder in unentwirrbare Gegensätze geraten. Diese Vielfalt ist Europas Wesen – und als solches ein Merkmal seiner Zusammengehörigkeit. Es ist »typisch europäisch«, nicht einheitlich, gleichförmig, uniform zu sein. Deshalb darf das politische Europa auch nicht zu einer kalten Technokratie werden, die von einer mächtigen Bürokraten-Zentrale aus die Bürger in den entferntesten Gebieten bevormundet.

Europa muss seinen Weg zwischen der Skylla einer bürgerfernen Technokratie und der Carybdis eines schwachen und handlungsunfähigen Staates finden. Das treffende Bild für das vereinte Europa ist deshalb nicht der Cocktail, das Mischgetränk, sondern das Mosaik. Europa soll wie ein Mosaik sein, in dem gerade die Verschiedenheit der Steine ein sinnvolles und schönes Bild ergibt. Wären alle Steine gleich groß und gleichfarbig, dann würden sie nie zu einem bewundernswerten Mosaik geformt werden können. Europa ist wie eine Symphonie, die gerade durch die Verschiedenheit der Töne und der Instrumente anhörbar, ja schön wird. Mit anderen Worten: Die Verschiedenheit der Europäer sollte uns nicht als Hindernis, als Nachteil erscheinen, sondern als Chance.

Die konkrete Anwendung des Subsidiaritätsprinzips heute bedeutet, dass die Nationalstaaten Befugnisse in zwei Richtungen abgeben müssen: Einerseits an die Regionen all jene Zuständigkeiten, die diese selbst erfüllen können, andererseits jene großen Aufgaben, die nur noch auf der übernationalen Ebene erfüllt werden können – oder dort zumindest besser, sachgerechter, schneller und billiger zu leisten sind – in Richtung Europäischer Union. Ein Europa der Regionen, das die Folge dieser doppelten Ausdünnung des herkömmlichen Nationalstaates wäre, könnte einerseits bürgernäher und andererseits handlungsfähiger sein.

Das etwa von einstigen bayerischen Ministerpräsidenten wie Alfons Goppel oder Max Streibl stets stark betonte »Europa der Regionen« wäre auch ein menschliches Gegenkonzept zu einer lebensfremden und in vielem Angst machenden Globalisierung. Gerade in einer Zeit, in der die Welt immer mehr zusammenwächst, in der internationale Interdependenzen steigen und der Raum an Bedeutung verliert, sehnen sich die Menschen auch nach dem überschaubaren, vertrauten Raum, nach der Geborgenheit von Heimat. Die gleichzeitige Stärkung von europäischer Integration und regionaler Kompetenz kann den Europäern die Sicherheit geben, dass die Europäische Union nicht die erste Stufe der Entwurzelung und Entfremdung auf dem großen Weg zu einem Weltstaat ist. Europa ist vielmehr das schützende Dach, unter dem sich die Vielfalt umso lebendiger entfalten kann.

Föderalismus und Stärkung der gewachsenen Regionen können aber nicht einem einheitlichen Schema folgen. Ein von oben verordneter Regionalismus wäre sicher ebenso künstlich, wie eine Neugliederung in Verwaltungsdepartements, die mit dem Lineal gezogen werden. Geschichte, Tradition, Mentalität und Größe der Länder bedingen es, dass die Regionen in den Staaten Europas auf sehr lange Sicht unterschiedliche Größe und Zuständigkeit haben werden. Schon die deutschen und die österreichischen Bundesländer weisen eklatante Differenzen auf, erst recht wird Status und Aufgabenbeschreibung einer kroatischen Zupanja und eines deutschen Bundeslandes nie deckungsgleich werden. Der »Ausschuss der Regionen« in der Europäischen Union zeigt dies deutlich: Hier sitzen beispielsweise Vertreter des Freistaates Bayern neben griechischen Bürgermeistern, wohl wissend, dass sie höchst unterschiedliche Einheiten vertreten.

Zwei Probleme löst allerdings auch das perfekteste föderalistische System mit der optimalen Stellung der geschichtlich fundierten Regionen nicht: einerseits die Stellung der grenzüberschreitenden Regionen (wie etwa Schlesiens, des Baskenlands oder Tirols), andererseits die Stellung der nicht mit einer Region identifizierbaren Volksgruppen (insbesondere der heimatvertriebenen Volksgruppen). Innerhalb der Europäischen Union leben mindestens 60 nationale Minderheiten, mit insgesamt rund 30 Millionen Menschen. In ganz Europa – ohne Russland und die Türkei – leben rund 72 Millionen Volksgruppenangehörige in 34 Staaten. Ihre Stellung, die durch kein territoriales Prinzip (wie Regionalismus oder Föderalismus) befriedigt werden kann, kann nur durch ein Europäisches Volksgruppenrecht rechtlich abgesichert werden. Nach aller historischer Erfahrung aus dem zwanzigsten Jahrhundert sollte darin neben dem Schutz und der Förderung der angestammten Volksgruppen auch ein europäisches Vertreibungsverbot und das Recht auf die eigene Heimat festgeschrieben werden. Für ein solches Volksgruppenrecht kämpften im Europäischen Parlament bereits viele, etwa Alfons Goppel, Graf Stauffenberg und Siegbert Alber – doch bisher leider vergeblich.

Wie groß ist Paneuropa?

Die ständig wachsende Gemeinschaft

Im Jahr 1951 unterzeichneten sechs Staaten den »Vertrag zur Europäischen Gemeinschaft für Kohle und Stahl«, nämlich Frankreich, Deutschland, Italien, Luxemburg, Belgien und die Niederlande. Die Regierungschefs dieser sechs Gründerstaaten der »Montanunion« unterzeichneten am 25. März 1957 auch die Verträge über eine »Europäische Atomgemeinschaft« und eine »Europäische Wirtschaftsgemeinschaft«. 1967 stellten Großbritannien, Norwegen, Dänemark und Irland einen Beitrittsantrag. General de Gaulle, dem es vornehmlich um die Aussöhnung zwischen Deutschland und Frankreich ging und der an der europäischen Reife Englands zweifelte, leistete dagegen Widerstand. Mit Wirkung zum 1. 1. 1973 wurden Großbritannien, Irland und Dänemark Mitglieder. Norwegen entschied sich damals – und später noch einmal – für einen anderen Weg. Griechenland stellte 1975 einen Antrag auf Beitritt und wurde 1981 aufgenommen; Spanien und Portugal beantragten die Mitgliedschaft 1977 und erhielten sie 1986. Mit Wirkung zum 1. 1. 1995 kamen auch Österreich, Schweden und Finnland zur Union.

Hinsichtlich der bisherigen europäischen Vereinigung kann zweierlei wertfrei festgestellt werden: Während die Gemeinschaft stetig um neue Mitglieder wuchs, vertiefte sie sich zugleich. Erweiterung und Integration lösten sich auch nicht phasenweise ab, sondern sind trotz aller Krisen und scheinbarer Rückschläge ein kontinuierliches Merkmal der europäischen Entwicklung. Im Gegensatz dazu verlor die »Europäische Freihandelsassoziation« (EFTA) laufend an Mitgliedern: 1972 traten Großbritannien und Dänemark aus, 1986 Portugal, 1994 Österreich, Schweden und Finnland. Alle diese Staaten taten dies übrigens im Zuge ihres Beitritts zur Europäischen Gemeinschaft. Der EFTA verblieben nur vier Staaten: Island, Liechtenstein, Norwegen und die Schweiz. Man kann also ohne Zweifel sagen, dass die EG beziehungsweise EU im Vergleich zur EFTA das attraktivere Modell der europäischen Einigung ist.

Eine ganz andere Entwicklung durchlebte der 1949 in London gegründete Europarat. Seine offiziellen Ziele sind die Wahrung des gemeinsamen Erbes Europas, die Förderung des sozialen und wirtschaftlichen Fortschritts, der Schutz der Menschenrechte und der pluralistischen Demokratie. Wie all dies nach der Aufnahme Russlands – das mehrfach in bestialischer Weise über das kleine Volk der Tschetschenen herfiel und alles andere als eine gefestigte Demokratie ist – glaubwürdig vertreten werden kann, ist eine große Frage. Der Europarat jedenfalls startete mit zehn Gründungsmitgliedern: Belgien, Dänemark, Frankreich, Großbritannien, Irland, Italien, Luxemburg, Niederlande, Norwegen und Schweden. 31 weitere Staaten nahm es seitdem auf: Albanien, Andorra, Bulgarien, Deutschland, Estland, Finnland, Georgien, Griechenland, Island, Kroatien,

Lettland, Liechtenstein, Litauen, Malta, Makedonien, Moldavien, Österreich, Polen, Portugal, Rumänien, Russland, San Marino, die Schweiz, die Slowakei, Slowenien, Spanien, die Tschechische Republik, die Türkei, die Ukraine, Ungarn und Zypern. Einen Gaststatus haben Armenien, Aserbaidschan, Bosnien-Herzegowina und Weißrussland. Beobachterstatus besitzen Japan, Kanada, die USA und der Vatikan.

Der Europarat ist im Vergleich mit der Europäischen Union zweifellos das größere, umfassendere Gremium. Zugleich jedoch hat er ein viel geringeres Maß an Dichte, an Integration und Verbindlichkeit erreicht. Durch die Aufnahme der Türkei, Russlands und Georgiens ist er überdies von einem europäischen zu einem eurasischen Gremium geworden. Richard Coudenhove-Kalergi, der durch die Einberufung einer Europäischen Parlamentarier-Union nach dem Zweiten Weltkrieg zu einem der Gründerväter des Europarates wurde, sah die Grenzen dieses Gremiums frühzeitig. Beim zweiten Kongress seiner Parlamentarier-Union in Interlaken 1948 versuchte er vergeblich, die Grundstruktur einer europäischen Bundesverfassung durchzusetzen. Coudenhove-Kalergi, der einen entscheidenden Anstoß für den Europarat gegeben hatte, sah die Initiative für eine politische Union der europäischen Völker von den Parlamenten auf die Regierungen übergehen, vor allem auf »drei überzeugte und überragende europäische Katholiken an der Spitze der drei kontinentalen Nationen«, nämlich Konrad Adenauer, Robert Schuman und Alcide de Gasperi. Wie General de Gaulle war auch der Paneuropa-Gründer überzeugt, dass das politisch vereinte

Europa nicht aus dem Europarat, sondern aus der Versöhnung zwischen Deutschland und Frankreich hervorgehen würde.

Die Geschichte sollte ihm Recht geben. Die aus der deutsch-französischen Freundschaft und der Montanunion erwachsene Europäische Union ist heute das erfolgreiche Modell der Vereinigung Europas. Und während die Integration in einem beschleunigten Maße wächst, klopfen immer neue Länder an die Türe der Union. 1990 beantragten Malta und Zypern den Beitritt, 1994 Ungarn und Polen, 1995 Bulgarien, Estland, Lettland, Litauen, Rumänien und die Slowakei, 1996 Slowenien und die Tschechische Republik. Sonderfälle sind die Schweiz, die 1992 ein Beitrittsgesuch einreichte, dieses aber ruhen ließ, nachdem die Schweizer Bevölkerung sich mehrheitlich gegen die Ratifizierung des EWR-Abkommens aussprach, und die Türkei, auf die noch näher einzugehen sein wird. Im März 1998 begann die Europäische Union mit direkten Beitrittsverhandlungen mit Estland, Polen, Ungarn, der Tschechischen Republik, Slowenien und Zypern, im Februar 2000 auch mit Lettland, Litauen, Rumänien, Bulgarien, Malta und der Slowakei.

Fünfzehn Staaten mit insgesamt rund 375 Millionen Einwohnern umfasst die Europäische Union heute. Mit weiteren zwölf Staaten mit 107 Millionen Einwohnern führt sie derzeit direkte Beitrittsverhandlungen, von denen die ersten zum Ende des Jahres 2002 positiv abgeschlossen werden sollen. Offizieller Beitrittskandidat ohne allzu große Chancen ist auch die Türkei; kein offizieller Kandidat, jedoch mit guten Chancen ist das mitteleuropäisch-mediterrane Kroatien, das sich der zuständige EU-Kommissar Günter Verheugen bereits als »14. Beitrittskandidat« wünscht. Die bevorstehenden Erweiterungen, die sicher nicht in einem Schub und auch nicht in wenigen Jahren zu schaffen sind, unterscheiden sich von allen bisherigen in ihrem Umfang, aber auch in ihrer Qualität. Sie stellen die Europäische Union auf eine bisher nie dagewesene Probe. Das vereinte Europa muss beweisen, dass es die kontinentale Friedensordnung schafft, dass es die Heimat für alle Europäer sein kann, dass es ihr nicht in erster Linie um eine Gewinnmaximierung im gemeinsamen Markt geht, sondern um einen Raum des Friedens, der Freiheit und des Rechts.

Die Osterweiterung ist die Nagelprobe des europäischen Einigungswerks. Sie stellt eine moralische, politische und wirtschaftliche Herausforderung dar. Moralisch, weil die meisten der heute um Aufnahme in die Union strebenden Länder durch einen schrecklichen Unfall der Geschichte zu jahrzehntelanger Unterdrückung und Benachteiligung gekommen sind. Der Zweite Weltkrieg wurde 1939 von Hitler und Stalin begonnen, doch während Hitler 1945 im sogenannten Führerbunker endete, nahm sich Stalin die Herrschaft über die Hälfte Europas. Die Esten, Letten, Litauer, die Polen, Ungarn, Tschechen und Slowaken und viele andere Völker, die bereits Opfer des Weltkrieges gewesen waren, wurden nun Opfer der sowjet-kommunistischen Expansion. Sie büßten den Krieg, den sie weder begonnen noch gewollt hatten, mit jahrzehntelanger Unfreiheit. Doch die kommunistische Diktatur brachte auch ökonomische, ökologische, politische, wissenschaftliche und kulturelle Zerstörungen, unter denen diese Völker noch immer zu leiden haben. Jene Europäer, die das Glück hatten, sich in Freiheit entwickeln zu können, haben auch eine moralische Verpflichtung gegenüber ihren benachteiligten Nachbarn.

Die Erweiterung ist jedoch auch eine politische Herausforderung: zunächst für die Beitrittskandidaten selbst, die seit Jahren in ihrer Wirtschaft, in ihrem Verwaltungs- und Rechtssystem wahre Revolutionen veranstalten, um beitrittsreif zu werden. Der Reformdruck ist groß, die Lasten sind kaum zu tragen. In vielen Staaten sinkt die Zustimmung zum EU-Beitritt bedrohlich. Zugleich muss sich die Europäische Union selbst durch eine tiefgreifende, mittlerweile zumindest allgemein als notwendig anerkannte Reform für die Aufnahme neuer Staaten rüsten. Und außerdem muss sie die Politik der Osterweiterung plausibel machen. Sorgen, Ängste und Verunsicherung herrschen nicht nur in den strukturschwachen oder grenznahen Gebieten, bei Bauern und kleinen Unternehmen. Diese politische Herausforderung hängt mit der wirtschaftlichen eng zusammen. Kein Zweifel: Die Teilnahme am gemeinsamen Markt, das Mitspielen in der Europäischen Union ist vor allem für die heutigen Kandidatenländer ein gewaltiges Abenteuer, das noch viele gesellschaftliche Turbulenzen bringen wird. Auch für die bisherigen Mitglieder hat jedoch die Aufnahme von Staaten, die mitten in einer wirtschaftlichen und gesellschaftlichen Umbruchszeit sind, etwas Bedrohliches. Die Osterweiterung der Europäischen Union ist ein Abenteuer, aber eines, das nur gelingen kann, wenn man es offensiv angeht.

Eine Frage, um die sich Europa immer weniger herumdrücken können wird, lautet aber: Ist es mit den bisher geplanten Osterweiterungen getan? Anders formuliert: Wird nach dem Beitritt jener zwölf Staaten, mit denen nun verhandelt wird (oder letztlich auch noch der Türkei, der man den Beitritt versehentlich versprochen hat), endgültig der Vorhang fallen? Oder werden immer neue Staaten aufgenommen werden, bis die Europäische Union geographisch etwa deckungsgleich mit den Mitgliedern des Europarates ist? Dies ist im Grunde die Frage nach der Ostgrenze Europas, denn Europas Grenze im Norden, im Westen und im Süden ist relativ klar durch die Meere definiert. Zwar wurde aus gutem Grund darüber gestritten, ob Großbritannien wirklich europäisch ist, doch ging die Wirklichkeit darüber hinweg. Nicht viel spannender ist die Frage nach der Zukunft Norwegens oder der Schweiz, denn wenn sich ein Staat oder Volk in Europa gegen eine Teilnahme am europäischen Einigungswerk entscheidet, muss dies wohl auch respektiert werden. Auch den Kleinstaaten – Liechtenstein, Andorra, Monaco und San Marino – kann man eine Aufnahme allenfalls anbieten, sie aber nicht dazu nötigen.

Was aber wird aus Bosnien-Herzegowina, Makedonien, Kroatien, Albanien? Was geschieht mit Serbien und Montenegro? Wohin treiben Weißrussland, die Ukraine und Moldawien? Können sie alle einen Platz im vereinigten Europa beanspruchen, oder gibt es für diese Staaten keine europäische Perspektive? Kämen zu den bisherigen Beitrittskandidaten (gerechnet ohne die Türkei mit ihren 63,74 Millionen Einwohnern) noch diese Staaten, dann würde die Europäische Union schließlich 35 Staaten mit insgesamt 570,3 Millionen Menschen umfassen. Mehr als eine halbe Milliarde Menschen, das ist noch immer etwa die Hälfte der Einwohnerzahl Chinas oder Indiens, aber doch mehr als das Doppelte der Vereinigten Staaten von Amerika.

Kann die Europäische Union eine solche Entwicklung verkraften? Der für Außenpolitik (nicht für die Erweiterung) zuständige EU-Kommissar Chris Patten hat dies klar verneint. In einem Interview mit der Tageszeitung »Die Welt« vom 29. November 1999 sagte er: »Für längere Zeit sollten wir kein weiteres Land mehr als Kandidaten hinzunehmen. Wenn wir vor der einen Erweiterung immer schon die nächste ins Auge fassen, dann stehen wir irgendwann vor der Frage, ob wir Japan aufnehmen wollen.« Wenige Tage später wurde Patten von seinem für die Erweiterung zuständigen Kollegen Günter Verheugen überholt, der Kroatien bereits als »14. Beitrittskandidaten« bezeichnete. Patten hat unwissentlich an einen entscheidenden Punkt gerührt, der bei den Erweiterungen des Europarates unberücksichtigt blieb, nämlich an die Frage nach der europäischen Identität.

Das vereinte Europa braucht klare Spielregeln für die Mitgliedschaft. Diese besagen, dass ein Land nur dann aufgenommen werden kann, wenn es das wirklich will (was bei der Schweiz, bei Norwegen oder bei den genannten europäischen Kleinststaaten bisher nicht der Fall ist) und wenn es die nötigen politischen und humanitären sowie die wirtschaftlichen und rechtlichen Voraussetzungen dafür erfüllt (woran heute sicher Weißrussland oder Rest-Jugoslawien scheitern würden). Doch schon beim Streit um den Status der Türkei hätte man sich fragen sollen, ob es nicht auch eine europäische Identität zu definieren gälte, ohne die eine Mitwirkung in der Europäischen Union sinnlos ist. Das Vereinte Europa ist ja nicht der Versuch, einen Weltstaat in kleinen Schritten zu erreichen, sondern eine immer engere Verbindung der europäischen Völker zu bewirken.

Ohne jeden Hauch eines Zweifels kann man sagen, dass die Kroaten, die Bosniaken, die Serben, die Albaner (auch jene im Kosovo!), die Makedonen, die Ukrainer und Weißrussen Europäer sind. Wenn ihre Staaten – nach vielen Jahren gewaltiger Anstrengungen und Reformen – die formalen Kriterien erfüllen, kann man ihnen nicht die Türe vor der Nase zuschlagen. Es mag noch ein sehr weiter Weg sein, bis Jugoslawien halbwegs als Rechtsstaat, Albanien als gefestigte Demokratie und Bosnien-Herzegowina als funktionierende Marktwirtschaft bezeichnet werden können. Weißrussland muss erst noch den Weg aus der Diktatur von Aleksandr Lukaschenka finden (wie die Slowakei selbstständig den Weg aus der Halbdiktatur Mečiars fand). Die Ukraine wird noch vieler Reformen bedürfen, bis sie am Verhandlungstisch der Europäischen Union Platz nehmen können wird. Aber wäre es nicht sinnvoller, all diesen Staaten zumindest grundsätzlich eine – und sei es eine sehr langfristige – europäische Perspektive zu bieten, statt sie orientierungs- und planlos ihrem mehr oder weniger trüben Schicksal zu überlassen? Die friedensstiftende Kraft, die die Erweiterungsperspektive bereits in den zurückliegenden Jahren bei den offiziellen Beitrittskandidaten entwickelt hat, könnte sich auch andernorts segensreich auswirken.

Schärfer stellt sich die Frage nach der europäischen Identität im Fall der Türkei, worauf noch einzugehen ist, und im Fall Russlands. Ohne Zweifel sind die Russen selbst ethnisch betrachtet ein ostslawisches und damit ein europäisches Volk; doch ebenso zweifelsfrei ist Russland noch immer ein eurasisches Riesenreich, das politisch, wirtschaftlich und sogar kulturell nicht integrierbar ist. 147,3 Millionen Menschen wohnen in diesem Land, das nach einem noch immer gültigen Wort von Franz Josef Strauß ein hochgerüstetes Entwicklungsland ist. Zu diesem reichlich unberechenbaren, stolzen, gedemütigten, schönen und gefährlichen Nachbarn ein gutes, friedliches und partnerschaftliches Verhältnis zu haben, wäre schon sehr viel. Es zu integrieren, würde die Europäische Union nicht nur verändern, sondern vermutlich zerstören. Russland ist kein Teil von Europa und es empfindet sich nicht als Teil Europas. Teilweise europäisch besiedelt ist es ein Halbwaise Europas – ähnlich wie Nord- und Südamerika, die ohne den englisch-puritanischen, den französischen und deutschen beziehungsweise im Süden den spanischen und portugiesischen Einwandererstrom eine ganz andere Prägung erfahren hätten. So dürfte in einer sehr langfristigen Perspektive die Ostgrenze des sich vereinigenden Europas mit der Westgrenze Russlands zusammenfallen.

Von der schönsten Phase der Revolution zur Ernüchterung

»Das ist die schönste Phase der Revolution«, ruft die Rednerin auf dem Platz der Unabhängigkeit in Kiew in ihr Megaphon. Hinter ihr wird eine kolossale Leninstatue abgetragen. Mehr als 10 000 Menschen haben sich an diesem kühlen Herbstabend auf dem Platz versammelt, der vor kurzem noch »Platz der Oktoberrevolution« hieß. Ihr Ziel ist die Freiheit des einzelnen und die Unabhängigkeit der Ukraine von der ins Wanken geratenen Sowjetunion. Das war vor knapp zehn Jahren. Heute ist die Sowjetunion ein Stück Geschichte, Mittel- und Osteuropa sind vom Kommunismus befreit, die Ukraine ist selbstständig. Doch die Rednerin auf dem Kiewer Platz der Unabhängigkeit sollte Recht behalten. »Die schönste Phase der Revolution«, das waren jene Jahre der Hoffnung und der Sehnsucht, der Visionen und der Illusionen. Eine überwältigende Mehrheit trat damals in einem Referendum für das Los von Moskau ein. Freiheit, nationale Selbstbestimmung, West-Orientierung waren damals die Ziele. Heute versinkt das Land in Korruption und Schattenwirtschaft, der innenpolitische Zank ist so groß wie der interkonfessionelle. Die Ukraine, mit fast 52 Millionen Einwohnern eines der bevölkerungsreichsten Länder Europas, treibt orientierungslos dem Chaos entgegen.

Doch nicht nur dieses unbekannte Land voll religiöser, nationaler und kultureller Vielfalt musste in zehn Jahren postkommunistischer Entwicklung manche Illusion begraben. Bei vielen Menschen in Mittel- und Osteuropa ist Ernüchterung eingetreten. Die unbekannte Rednerin in Kiew hatte Recht: Die schönste Phase der Revolution, das war die Proklamation der Unabhängigkeit, das Erringen der Freiheit, der frische Hauch eines politischen Frühlings. Damals, im Herbst 1991, zog der Bürgermeister der westukrainischen Stadt Lwiw – jenes Lemberg, in dem sich das Flair des untergegangenen Österreich-Ungarn bis heute in den Fassaden der Häuser spiegelt – eine gewagte Parallele. Er verglich den Übergang vom Kommunismus zur Marktwirtschaft mit dem alttestamentlichen Exodus der Israeliten aus Ägypten. Obwohl ihnen Moses Wunder wirkte und Gott Manna vom Himmel regnen ließ, wollten die Israeliten zurück in die ägyptische Sklaverei. Ganz falsch ist diese Parallele nicht: Warum wählen Menschen in den sogenannten »neuen« deutschen Bundesländern – die in manchem Fall viel älter und traditionsreicher sind als Nordrhein-Westfalen oder Rheinland-Pfalz – heute PDS? Warum konnten sich viele Helden des Freiheitskampfes, wie etwa Lech Walesa in Polen, nur kurz in der Führung von Staat und Regierung halten? Was ist aus der Euphorie der Jahre 1989 bis 1991 geworden? Die Revolution der Freiheit und der Hoffnungen, was hat sie gebracht?

Es scheint, als habe die Weltgeschichte nur einen Augenblick lang den Atem angehalten. Der Eiserne Vorhang riss, die Berliner Mauer fiel. Der Kommunismus verschwand, Freiheit brach sich Bahn. Das wieder vereinigte Deutschland schien der erste Schritt zur Einheit Europas zu sein. Die Chance, nach Jahrzehnten des Nebeneinanders und Gegeneinanders ein ganz neues Miteinander zu begründen, schien gekommen. Was sollte die Europäer noch daran hindern zu realisieren, was die – noch immer nicht ganz offizielle – Europahymne mit den Klängen von Beethovens Neunter uns singen lässt, nämlich dass alle Menschen Brüder werden. Warum nicht jetzt?

Als Papst Johannes Paul II. damals die Tschechoslowakei besuchte, jenes Land, das nach Albanien wohl am härtesten die christliche Religion verfolgte, da sprach auch der nicht besonders religiöse Staatspräsident Vaclav Havel von einem »Wunder«. Nicht nur diesem Dichter, Freiheitskämpfer und Staatsoberhaupt erschienen die Jahre des Umbruchs als Wunder. Trotz allen Kampfes, trotz aller Vorläufer, die diese Kette der Revolutionen im ungarischen Aufstand von 1956, im Prager Frühling von 1968, in den polnischen Massendemonstrationen von 1970 und schließlich in der Solidarnosc-Bewegung 1980/81 hatte, schien eine höhere Hand eingegriffen zu haben, um die Völker aus der Knechtschaft zur Freiheit zu führen. Das Bild von den aus dem Sklavenhaus Ägypten herausgeführten Israeliten, es ist nicht so unpassend.

Wurde nicht die ganze Welt zum Augenzeugen, als der Prager Wenzelsplatz zum Menschenmeer wurde und die Werksirenen mit den Kirchenglocken zum Protest riefen? Hat nicht ganz Europa nach Sopron geblickt, als dort am 19. August 1989 bei dem von Walburga von Habsburg dirigierten Paneuropa-Picknick erstmals fast

700 Deutsche aus der »DDR« den Weg in den Westen fanden? Ist nicht in den Köpfen aller Europäer noch das Bild der deutschen Botschaft in Prag, wohin sich so viele der getrennten Landsleute geflüchtet hatten, bis die im Jubel der Menge untergehende Stimme des deutschen Außenministers Genscher ihnen Freiheit verkündete? Erinnert sich nicht ganz Deutschland noch mit Ergriffenheit an die Leipziger Montagsdemonstrationen und mehr noch an den Fall der Mauer? Doch die Freiheit hat viele nicht satt gemacht; die Lösung der wirtschaftlichen und der sozialen Probleme braucht unter anderem auch Zeit; Korruption und Machtmissbrauch werden in der postkommunistischen Zeit weit weniger toleriert als zuvor. Die Illusion, schnell den Sprung ins wirtschaftliche Paradies zu schaffen, ist zumindest für die meisten dahin. Immerhin haben sich die Staaten und Gesellschaften in Mitteleuropa zumeist als wetterfest erwiesen. In Ungarn lösten das Demokratische Forum des Joszef Antall die Kommunisten, die Sozialisten unter Gyula Horn ihrerseits Antall und die Bürgerlichen unter Viktor Orbán schließlich Horn ab. Demokratischer Wechsel durch die Wahlurne – das ist bereits ein gewaltiger zivilisatorischer Fortschritt. Trotz aller Unzulänglichkeiten, trotz vieler Fehler: In Mitteleuropa weisen fast alle Staaten einen klaren Trend auf, der in Richtung Marktwirtschaft, Rechtsstaat und EU-Mitgliedschaft weist.

Die »schönste Phase der Revolution« ist lange vorbei. Sie wurde abgelöst durch eine Zeit beharrlicher, harter und oft deprimierender Arbeit. Nach Jahrzehnten des destruktiven Kommunismus mussten Wirtschaft und

Gesellschaft, eine Kultur des Politischen, eine Vielfalt von Medien und Künsten wieder aufgebaut werden. Die Fortschritte dabei werden von der Europäischen Union wachsam beäugt und protokolliert. Helfend, mahnend und fordernd tritt die EU-Kommission gegenüber jenen Ländern auf, denen das vereinte Europa die Pforten öffnen will. Mehr als die wirtschaftlichen Übergangsschwierigkeiten haben die Kriege Slobodan Miloševićs gegen Serbiens Nachbarn die Menschen im Westen Europas verunsichert. Nein, das vielzitierte »Ende der Geschichte« ist nicht gekommen – ebensowenig wie der ewige Friede. Auch in Europas Mitte und im Osten folgte auf die »schönste Phase der Revolution« die Ernüchterung. Auch in Brüssel warten nicht weit ausgebreitete Arme auf die Helden der Revolution. Knochentrockene Bürokraten haben längst den Rechenschieber herausgeholt, um die Kosten der Erweiterung zu kalkulieren.

Möglicherweise sind Desillusionierungen notwendig, denn Politik will – so soll Adenauer einmal gesagt haben – mit kühlem Kopf und warmen Füßen, und bitte nicht umgekehrt, gemacht werden. Doch beim »screening« des »acquis communautaire« könnte leicht das eigentliche politische Ziel der geplanten EU-Erweiterung aus den Augen verloren werden: Jene Zone des Friedens, der Freiheit und des Rechts, die die Europäische Union nun einmal ist, auf ganz Europa auszudehnen. Die Frage, die sich heute stellt, lautet nicht: Wollen wir einen europäischen Staat, sondern: Wie soll dieses Europa von morgen gestaltet und beschaffen sein? Zentralistisch oder föderalistisch? Nihilistisch, technokratisch oder christlich? Und die vielleicht brennendste tagesaktuelle Frage bei dieser Staatswerdung Europas lautet derzeit: Soll das Europa von morgen ein »Club reicher Nationen« sein – vor dem der tschechische Staatspräsident Vaclav Havel gewarnt hat – oder eine Heimat für alle Europäer?

Die Erweiterung der Europäischen Union ist die größte Herausforderung auf der Tagesordnung europäischer Politik, weil sie nach Jahrzehnten der widernatürlichen Teilung des Erdteils den historischen Versuch darstellt, eine neue Epoche für ganz Europa zu eröffnen. Bedenken gegen die Osterweiterung der Europäischen Union gibt es allerorten. Alle sind sie von der Angst geprägt, dass das eigene Land, das bereits der Wohlstandszone angehört, davon wirtschaftliche oder finanzielle Nachteile haben könnte. Interessanterweise ist die Zustimmung zur Erweiterung seit langem ausgerechnet in Österreich am geringsten, also in jenem Land, das dank dem Haus Habsburg die meisten historischen Verbindungen zur Mehrzahl der Beitrittskandidaten hat, das seit der Öffnung der Grenzen den meisten wirtschaftlichen Profit machte und das im Westen noch immer wegen seiner Osteuropa-Kompetenz geschätzt wird.

Die österreichische Arbeiterkammer hat vor einigen Jahren ein Schreckensszenario gemalt, indem sie prophezeite, dass Polen, Tschechien, Ungarn und die Slowakei noch mehr als 30 Jahre bräuchten, bis sie die Hälfte des österreichischen Bruttoinlandsproduktes (pro Kopf) erreicht hätten. Fraglich ist, was mit solchen Zahlen suggeriert werden soll. Auch Griechenland hat weniger als die Häfte des pro-Kopf-BIP von Österreich, ohne dass das Alpenland von arbeitssuchenden Griechen überschwemmt würde. Portugal, Spanien und Griechenland hatten zum Zeitpunkt ihres EG-Beitrittes ein durchschnittliches Bruttoinlandsprodukt pro Einwohner von 46 Prozent des EG-Durchschnitts. Slowenien erreichte 1997, also vor dem Start der Beitrittsverhandlungen, bereits 68 Prozent (im Jahr davor 59 Prozent) des EU-Durchschnitts-BIPs, die Tschechische Republik 63 Prozent (1996: 55 Prozent), Ungarn immerhin 47 Prozent (1996:37 Prozent). Daraus lernen wir zweierlei: Erstens, dass Slowenien, Tschechien, Ungarn und die Slowakei bereits heute wirtschaftlich in derselben Klasse spielen wie Griechenland (1997: 69 Prozent des durchschnittlichen EU-BIPs), Portugal (71 Prozent) oder Spanien (78 Prozent). Und dies, obwohl diese drei Staaten bereits seit 1981 beziehungsweise 1986 die Segnungen des gemeinsamen Marktes genießen. Wundern wir uns also nicht, wenn einige unserer mitteleuropäischen Nachbarn innerhalb kürzester Zeit die langsamsten der bisherigen EU-Mitglieder überrunden.

Wenn Spanier oder Griechen nach 1986 beziehungsweise 1981 nicht in wilden Scharen Deutschland oder Frankreich überschwemmt haben, warum nimmt man an, dass Slowenen, Ungarn oder Tschechen in großer Zahl nach Österreich kommen werden? Im Fall von Spanien und Portugal hat die Migration aus diesen Ländern nach ihrem EG-Beitritt nicht zu-, sondern abgenommen. Verständlicherweise, denn der Beitritt gab neue Hoffnungen auf einen Aufschwung der eigenen Heimat. Die Möglichkeit, unter der heimatlichen Sonne

Andalusiens gut zu leben, ließ den Reiz des Ruhrgebietes oder den Charme von Wiener Neudorf verblassen. Ähnlich wird es auch mit unseren heutigen Beitrittskandidaten sein: Die Aufnahme in die EU gibt den Menschen die Hoffnung, in ihrem eigenen Land zu Sicherheit und Wohlstand zu kommen. Auch die Bürger Krakaus, Szegeds oder Prags leben vermutlich lieber in ihrer Stadt als in Sinabelkirchen oder Bregenz. Zu einer Welle von West-Migranten wird es dann nicht kommen, wenn die Menschen Mittel- und Osteuropas in der eigenen Heimat eine Zukunftschance sehen. Die meisten Menschen leben lieber zuhause als in der Fremde. Deshalb gab es keinen Exodus aus dem armen Süden Italiens, aus dem von Arbeitslosigkeit geplagten Spanien oder aus dem armen Griechenland nach Deutschland oder Österreich – obwohl dies rechtlich in der Europäischen Union unproblematisch wäre.

Die bisherige, relative Ostöffnung hat in Österreich insgesamt wirtschaftlich positiv gewirkt. 1989 war Österreichs Handelsbilanz mit den Staaten Mitteleuropas noch ausgeglichen; 1997 wies sie einen Überschuss von 122 Milliarden Schilling auf. Doch gaben sich offensichtlich manche der Illusion hin, die Ungarn würden – wie 1990/91 – ins Burgenland und nach Wien immer nur kommen, um dort Fernseher und Videoanlagen zu kaufen. Dennoch ist festzuhalten, dass Ungarn mittlerweile der drittwichtigste Handelspartner Österreichs ist. Unbestritten ist, dass es in gewissen Sektoren ernsthafte Probleme und für gewisse Regionen Umstellungsschwierigkeiten gibt und geben wird. Dennoch werden gerade Österreich und Deutschland noch stärker davon profitieren, dass sich der große Markt in Mittel- und Osteuropa weiter öffnet. Österreich wird durch die Erweiterung endlich wieder von der Peripherie ins Zentrum rücken.

Durch die Erweiterung um zwölf beitrittswillige Staaten (die Türkei nicht mitgezählt) wird der europäische Wirtschaftsraum von derzeit 375 Millionen auf etwa 482 Millionen Menschen anwachsen. Eine halbe Milliarde Menschen und zugleich ein ungeheueres Potenzial an Kreativität und Arbeit! Niemand bezweifelt, dass es in bestimmten Sektoren Anpassungsprobleme geben wird. Doch die Vereinigung ganz Europas zu einer politischen und wirtschaftlichen Macht ist die große Zukunftschance dieses Erdteils. Angesichts der Globalisierung der Märkte und der Veränderung weltweiter Strukturen ist die Osterweiterung auch wirtschaftlich das Vernünftigste, was die Europäische Union tun kann. Ohne Reform unseres aufgeblähten Staatsapparates, ohne Entbürokratisierung und ein tiefgreifendes Überdenken unseres Sozialsystems ist vielleicht die Osterweiterung der Union zu verkraften. Auf keinen Fall aber überleben wir damit mittelfristig die Globalisierung der Weltmärkte, die noch immer voranschreitet. Der Globus ist seit vielen Jahren in rasantem Tempo auf dem Weg, wirtschaftlich ein Dorf zu werden. Nicht der tschechische, slowenische oder ungarische Nachbar ist der wirtschaftliche Konkurrent Österreichs oder Deutschlands, sondern der Billigproduzent aus Taiwan oder Hongkong.

Doch im alten Kontinent Europa steckt noch genug Lebenskraft, genug Phantasie, Kreativität und Intelligenz, um eine neue geschichtliche Epoche einzuleiten: Nach den Jahrhunderten des Nebeneinanders und Gegeneinanders in Europa könnte ein neues Zeitalter des Miteinanders anbrechen. Das »Jahrhundertprojekt der Erweiterung« müsse »den Bürgern der EU alle Ängste einer Gefährdung des bisher Erreichten nehmen«, meinte der österreichische Bundespräsident Thomas Klestil bei einer Rede in Straßburg. »Österreich wird von allen Mitgliedsstaaten am meisten von der Erweiterung betroffen sein« und habe außerdem kein Interesse, ein »Randstaat« Europas zu sein, sagte Klestil. Wenn Österreich seinen Ruf als mitteleuropäischer Mittler in Ost und West nicht verspielen will, muss es aber auch bedenken, was Papst Johannes Paul II. sagte: »Österreich im Herzen Europas hat Brückenfunktion!« Im Juni 1998 meinte Johannes Paul II. bei einer Rede in der Wiener Hofburg, Europa dürfe keine »westeuropäische Wohlstandsinsel« sein, sondern müsse sich zu einer »gesamteuropäischen Zone der Freiheit, der Gerechtigkeit und des Friedens« ausdehnen. Der Papst bezeichnete die Osterweiterung als die »Europäisierung des gesamten Kontinents«.

Bis 1990 war die Sowjetdiktatur mit Zentrum in Moskau an der Teilung Europas und der Versklavung seiner östlichen Hälfte schuld. Seit 1990 jedoch sind wir selbst schuld. Und wir sind mitschuldig, wenn sich in manchen Staaten, die den Weg zu Demokratie und Freiheit einschlugen, wieder diktatorische Elemente (wie in Weißrussland), wirtschaftliches Chaos (wie in der Ukraine) oder gesellschaftliche Instabilität (wie in Albanien) breit machen. Grenzstreitigkeiten, Rückfall in den Nationalismus und gesellschaftliche Unruhen fanden in jenen Staaten, denen eine Mitgliedschaft in der Europäischen Union in Aussicht gestellt wird, nicht statt. Diese Phänomene werden überall dort entstehen – oder wiedererstehen – wo den Menschen keine Zukunftsperspektive gegeben wird. Insofern war schon die bloße Hoffnung auf einen zukünftigen EU-Beitritt ein stabilisierendes Moment in der Entwicklung unserer mitteleuropäischen Nachbarn. Die Osterweiterung ist kein Selbstzweck. Ihr Ziel ist es, ganz Europa zu einer Zone des Friedens, der Freiheit, des Rechtes und der Stabilität zu machen.

Bisher ist es nur gelungen, innerhalb der Europäischen Union Frieden und Freiheit zu erhalten. Die EU konnte aber das Blutvergießen jenseits ihrer Grenzen – etwa im ehemaligen Jugoslawien – nicht verhindern, ja nicht einmal stoppen. Nun besteht die politische Aufgabe darin, die entstandene Zone des Friedens auf ganz Europa auszudehnen. Die drohenden Gefahren sind jedoch noch immer vorhanden. Das Wiedererwachen nationalistischer Instinkte, das neuerliche Anstacheln zwischenstaatlicher Konflikte und die Machtergreifung korrupter, undemokratischer Cliquen drohen fast überall in Mittel- und Osteuropa, sollte den Völkern die Perspektive auf Europa genommen werden. Das Gespenst des Nationalismus ist noch immer nicht tot. In Moskau drängen viele Kräfte auf eine Revision der bestehenden Grenzen und eine Wiederherstellung des Reichs im Umfang der einstigen Sowjetunion. Eine Führungsfigur wie der aus dem KGB kommende Präsident Wladimir Putin nährt solche Hoffnungen. Von den westlichen Nachbarn Russlands ist am meisten hiervon vielleicht Lettland bedroht, weil es einen hohen russischen Bevölkerungsanteil hat. Doch wenn Lettland fällt, dann herrscht Krieg im Ostseeraum – an den immerhin vier EU-Mitgliedsstaaten und vier EU-Beitrittskandidaten angrenzen. Nur die Erweiterung der Union kann die Zone der Stabilität und der Sicherheit nach Osten ausdehnen.

Die offiziellen Fahrpläne zur Aufnahme neuer Länder in die Europäische Union und die tatsächlich erreichten Fortschritte in den Beitrittsverhandlungen können nur teilweise beruhigen. Je mehr Zeit verstreicht, desto mehr greifen auf beiden Seiten Ernüchterung, Skeptizismus und Niedergeschlagenheit um sich. Je länger die Völker Mittel- und Osteuropas vor der Türe der ersehnten Gemeinschaft warten müssen, desto stärker wird ihr Eindruck, nicht gleichberechtigte Partner, sondern Bittsteller zu sein. Dann haben auch die Schwarzmaler und Unglückspropheten, die Nationalisten und Ewig-Gestrigen und nicht zuletzt auch die organisierten Kriminellen, denen der Beitritt zu einer funktionierenden Rechtsgemeinschaft gar nicht gelegen käme, ihre Chance.

Langfristig müssen auch jene Staaten in diesen Raum innerer und äußerer Stabilität einbezogen werden, die heute noch nicht offizielle Kandidaten sind, jedoch eine klar europäische Ausrichtung besitzen, an erster Stelle Kroatien, aber auch die Ukraine, Makedonien, Moldavien oder Albanien. Europa ist, wie einer der am meisten vergessenen Baumeister Europas, Heinrich Aigner, oft sagte, die einzig realistische Friedensidee unserer

Zeit. Sie muss verwirklicht werden, bevor wir politisch wieder in stürmischere Zeiten geraten. Robert Schuman, einer der Gründerväter des vereinten Europa, hat gesagt: »Europa sucht sich und weiß, dass seine Zukunft in seinen eigenen Händen liegt. Niemals noch war es dem Ziel so nahe. Gott gebe, dass es seine Schicksalsstunde nicht verpasst!« Dieser Satz wurde 1958 gesprochen, doch er gilt heute wohl noch mehr als damals.

Passt die Türkei zu Europa?

Ausgerechnet im nördlichsten Zipfel der Europäischen Union, jenseits des Polarkreises, im finnischen Saariselkä einigten sich die Außenminister der EU-Mitgliedsstaaten im Herbst 1999 darauf, der Türkei den Status eines Beitrittskandidaten zu gewähren. Der deutsche Bundesaußenminister Joschka Fischer beschwor dabei eine »substanzielle Verbesserung der Beziehungen« und schimpfte, die bisherige Türkei-Politik der Europäischen Union sei nicht erfolgreich gewesen. Beim anschließenden EU-Gipfeltreffen im Dezember in Helsinki wurde Ankara tatsächlich eine konkrete Beitrittsperspektive eröffnet, ohne dass irgendjemand daran gedacht hätte, den Türken einen Beitrittstermin zu nennen oder auch nur in Beitrittsverhandlungen einzutreten. Nun drängt sich die Frage auf, ob solche Absichtserklärungen tatsächlich zu einem EU-Beitritt der Türkei in absehbarer Zeit führen können oder lediglich die zeitweise recht frostige politische Atmosphäre zwischen Brüssel und Ankara erwärmen sollen.

Neu und deshalb überraschend war in Saariselkä, dass auch der griechische Außenminister Georgios Papandreou sich für eine Beitrittsperspektive der Türkei aussprach. »Es liegt im Interesse Griechenlands, dass die Türkei der EU beitritt«, meinte der Grieche. Ohne diese neue, allerdings auch begrenzte Offenheit Athens oder gar die großherzige Hilfe des auch selbst betroffenen

Griechenland für türkische Erdbebenopfer einer Kritik unterziehen zu wollen, darf doch nicht vergessen werden, dass es die Regierung in Athen ist, die die Europäische Union bis heute daran hindert, ihre bereits bestehenden vertraglichen Verpflichtungen gegenüber der Türkei zu erfüllen. Hohe Kredite, die das Finanzprotokoll zwischen der Europäischen Union und der Türkei vorsieht, wurden jahrelang durch ein griechisches Veto zurückgehalten. Eine Normalisierung der Beziehungen zwischen Griechenland und der Türkei ist – mit oder ohne EU-Beitrittskandidatenstatus – noch in weiter Ferne.

Das zeitweise frostige Klima zwischen Ankara und Brüssel hatte seine Ursache nicht nur, aber auch in der Tatsache, dass die Europäer dem türkischen Nachbarn regelmäßig mehr versprachen als sie halten wollten oder konnten. So waren Ankara schon beim Abschluss des EWG-Assoziierungsvertrages im Jahr 1963 Hoffnungen auf eine Vollmitgliedschaft im Jahr 1985 gemacht worden. Als die türkische Regierung dann 1987 einen Beitrittsantrag stellte, hieß es lapidar, dies komme vor allem aus wirtschaftlichen Gründen, aber auch wegen der unzufriedenstellenden Lage der Menschenrechte auf absehbare Zeit nicht in Frage. Endgültig verraten fühlten sich die Türken, als die christdemokratischen Regierungschefs in der Europäischen Union – darunter damals auch Helmut Kohl und Romano Prodi – im März 1997 erklärten, ein EU-Beitritt der Türkei sei »nicht akzeptabel«. »34 Jahre lang sind wir von der EU belogen und betrogen worden«, sagte ein türkischer Diplomat damals. Die Islamisten fühlten sich in ihren Warnungen bestätigt und nannten Europa einen »imperialistischen Christenclub«.

Die Beziehungen erreichten einen Tiefstpunkt, als sich der EU-Gipfel von Luxemburg im Dezember 1997 weigerte, der Türkei einen gleichberechtigten Status mit den mitteleuropäischen Beitrittskandidaten einzuräumen. Da halfen auch alle Beteuerungen des damaligen Ratsvorsitzenden, des Luxemburger Premiers Jean-Claude Juncker, die Türen der Union stünden der Türkei prinzipiell offen, nichts mehr. Ministerpräsident Mesut Yilmaz erklärte kategorisch: »Es wird keinen politischen Dialog zwischen der Türkei und der Europäischen Union mehr geben.« Die damalige Außenministerin Tansu Ciller drohte, die Türkei werde ein Veto gegen eine NATO-Erweiterung einlegen. Nun relativierte der türkische Premier seine Äußerungen zwar, nachdem er sich der amerikanischen Unterstützung versichert hatte und US-Außenministerin Madeleine Albright erklärte, die Türkei solle ein »Teil Europas und der Europäischen Union sein«, doch fühlte sich Ankara tief gekränkt und beleidigt.

Für die westlichen Politiker, die überwiegend mit der jüngeren türkischen Geschichte wenig vertraut sind, war dies umso weniger verständlich, als die EU-Staats- und Regierungschefs in Luxemburg die Türkei zum ersten Mal als Beitrittskandidaten bezeichnet hatten. Wörtlich heißt es in den Beschlüssen: »Der Europäische Rat bekräftigt, dass die Türkei für einen Beitritt zur Europäischen Union in Frage kommt. Das Beitrittsersuchen der Türkei wird auf der Grundlage derselben Kriterien untersucht wie im Fall anderer Bewerberstaaten.« Dennoch musste es für Ankara ein Schlag ins Gesicht sein, im Gegensatz zu den vom Kommunismus befreiten Mitteleuropäern auf Distanz gehalten zu werden. Der Grund dafür ist in der Geschichte der Türkei seit den zwanziger Jahren zu suchen. Mustafa Kemal, genannt Atatürk (»Vater der Türken«), sah in der radikalen Europäisierung und Westorientierung die Modernisierung der Türkei.

Atatürk inszenierte ab 1923 eine gewaltsame Kulturrevolution »von oben«: Er schaffte Sultanat, Kalifat und Scharia ab, verbot Derwische und islamische Brüderorden, führte den gregorianischen Kalender ein, machte statt des muslimischen Freitags den christlichen Sonntag zum arbeitsfreien Tag der Woche, verbot das Halten des Fastenmonates Ramadan und nahm Anleihen beim Schweizer Zivilrecht, beim italienischen Strafrecht und beim deutschen Handelsrecht. Mehrere hundert Männer wurden hingerichtet, weil sie statt eines europäischen Hutes den traditionellen Fez trugen. 1929 verbot Atatürk die für die Gläubigen des Islam so wichtige arabische Schrift und machte das fremde lateinische Alphabet verbindlich.

Ohne Rücksicht auf das islamische Bilderverbot wurden im ganzen Land Atatürk-Statuen aufgestellt und Atatürk-Portraits aufgehängt. Mustafa Kemals Reformen strebten eine ethnisch-kulturelle Uniformierung im Sinne einer einheitlichen türkischen Nation und eine radikale Trennung von Staat und Religion an. Für die Mehrheits-Religion seines Landes hatte Atatürk nur Verachtung: »Der Islam ist höchstens gut für verweichlichte Araber, nicht für Türken, die Krieger und Männer sind.« Einen Muezzin, der ihn mit seinem Ruf im Mittagsschlaf störte, soll der Vater der modernen Türkei eigenhändig niedergeschossen haben. Der Aufstand der Kurden von 1925 war mehr religiös als national motiviert. Er wandte sich gegen eine »gottlose laizistische Regierung« und forderte die Rückkehr des Sultans. Das Europa, das Atatürk sich zum Vorbild nahm, war aber nicht das christliche Abendland, sondern der Kontinent der Französischen Revolution.

Die »sechs Pfeile« des Kemalismus sind darum auch Säkularismus (und Laizismus), Nationalismus und Etatismus, Republikanismus, Reformismus und Populismus. So sieht der Kemalismus den Westen und so versuchte er die Türkei umzuformen. Aus dieser Sicht ist es auch gar nicht überraschend, wenn der damalige Premier Yilmaz 1997 bei einem Besuch in Wien sagte: »Unser Wertesystem entspricht dem Westeuropas.« Für diese radikale Anpassung an den Westen und seine Leitbilder wollte und will die Türkei mit der Vollmitgliedschaft in der Europäischen Union belohnt werden. Als die Europäer darauf teils ablehnend, teils hinhaltend und zögernd reagierten, konnte der Kemalist Yilmaz nicht anders, als dem Westen den Verrat an seinen eigenen Prinzipien vorzuwerfen: Der deutsche Bundeskanzler Helmut Kohl, so Yilmaz im Dezember 1997, wolle die Europäische Union in einen »Club von Christen« umwandeln. Yilmaz hätte hinzufügen können, dass vergleichbare Bestrebungen wie die dem deutschen Kanzler unterstellten – nämlich eine Re-Islamisierung der Türkei unter Premier Necmettin Erbakan – in Ankara durch Putschdrohungen des Militärs und schließlich durch den Sturz Erbakans vereitelt wurden.

Nicht weniger interessant als die Sicht Ankaras sind allerdings die Reaktionen westlicher Politiker auf derartige Vorhaltungen. Deutschlands Außenminister Fischer begründete in Saariselkä sein Plädoyer für einen EU-Beitritt der Türkei damit, dass die EU keine »christliche Glaubensgemeinschaft«, sondern nur eine Interessens- und Wertegemeinschaft sei. Doch nicht nur der Grüne Fischer, sondern auch der christdemokratische Ministerpräsident Luxemburgs, Juncker, versuchte den türkischen Vorwurf weit von sich zu weisen. Die Europäische Union sei »kein Club von Christen«, sondern lediglich ein »Club mit Spielregeln«, betonte der Christdemokrat im Dezember 1997 vor der EVP-Fraktion im Straßburger Europaparlament.

Solche Äußerungen verkennen, dass die europäische Staatlichkeit nicht auf den reinen Prinzipien der Französischen Revolution ruht, sondern auch auf christlichen Werten, einem vom Christentum geprägten Menschenbild und zumindest teilweise auf den Errungenschaften der christlichen Soziallehre. Sie verkennen aber auch, dass ein Gutteil jener Konfliktpunkte, die die Türkei von Europa trennen, eben in der radikalen Abwendung von der eigenen, islamischen Tradition und der Verabsolutierung der kemalistischen Prinzipien gründen. Solange Nationalismus und Etatismus in der Türkei wie Glaubensgrundsätze gewahrt werden, wird es kein Volksgruppenrecht für die Kurden und keine Kompromissbereitschaft in der Zypern-Frage geben. Solange Laizismus und Säkularismus als Staatsdoktrin gelten, wird nicht nur die kleine, aber traditionsreiche christliche Minderheit, sondern auch die islamische Mehrheit in der Türkei keine Religionsfreiheit nach europäischen Maßstäben genießen.

Die Europäische Union hat zwar stets – oft auch übertrieben und maßlos – gegen die Benachteiligung der kurdischen Volksgruppe, gegen Einschränkungen der Presse- oder Meinungsfreiheit, gegen die sture Haltung hinsichtlich der griechisch-türkischen Seegrenze oder des geteilten Zypern protestiert. Übersehen wurde dabei jedoch, dass diese Konfliktpunkte ihre Wurzel im ideologischen Kemalismus haben, der die Türkei westlicher, ja europäischer machen wollte. Erbakan und die von ihm betriebene Islamisierung waren unter anderem auch eine Reaktion auf die Enttäuschungen durch Europa. Die vom Westen so gefürchtete Islamisierung wurde vom Nationalen Sicherheitsrat brutal gestoppt. Eine Rückbesinnung auf Bräuche und Glauben, die jenseits von Atatürk die ältere türkische, nämlich die reiche osmanische Tradition zeigen, lässt das Militär nicht zu.

Die Erfahrungen Ankaras mit der Europäischen Union sind nicht so, dass man nun angesichts der neuen Absichtserklärungen in Jubel ausgebrochen wäre. Bei ihrem bisher stets blockierten Weg in die Europäische Union haben die Türken gelernt, das Kleingedruckte zu lesen. Das heißt im Fall der Bekundungen von Saariselkä und Helsinki, dass die Türkei an den Beitrittskriterien von Kopenhagen gemessen werden müsse. An der Spitze dieser Kriterien steht die Forderung nach einer stabilen Demokratie und Rechtsstaatlichkeit sowie die

Wahrung der Menschen- und Minderheitenrechte. Damit gerät die Türkei nach Ansicht der meisten Entscheidungsträger in der EU nicht nur wegen der Unterdrückung der Kurden und der Verstöße gegen die Pressefreiheit in Konflikt. Die übermächtige Stellung des Nationalen Sicherheitsrates scheint mit Rechtsstaatlichkeit und Demokratie schwer vereinbar zu sein. Der für Erweiterungsfragen zuständige Kommissar Verheugen stellte zuletzt im April 2000 klar, dass die Türkei die Kopenhagener Kriterien nicht erfülle und ein Beitritt zu ermäßigtem Tarif nicht in Frage komme. Verheugen sagte im Europäischen Parlament: »Es gibt für niemanden, auch für die Türkei nicht, einen Rabatt auf die Beitrittsbedingungen.« Die Strategie müsse einen langen Atem haben, und man sei erst »am Anfang des Anfangs«, so Verheugen.

Die liberale Zeitung »Turkish Daily News« hat vor einiger Zeit auf einen weiteren Aspekt aufmerksam gemacht, den die Politiker nicht übersehen sollten: »Die Unterdrückung der religiösen Basis ist die Herausforderung zu einer sozialen Explosion.« Vielleicht kann man mit undurchsichtigen Vorgängen einen Erbakan aus der Politik fernhalten, doch die Frage, ob Atatürk oder Mohammed die größere Autorität sei, bleibt der türkischen Gesellschaft noch lange erhalten. Diesen Konflikt – zwischen einer laizistischen Staatsdoktrin und einer sich zunehmend islamisierenden Gesellschaft – in die Union zu importieren, ist politisch unverantwortlich. Es brächte einen Sprengstoff herein, gegen den der Nord-Irland-Konflikt wie ein Sandkastenspiel anmutet. Verheugen sieht diesen Konflikt offensichtlich. In einem frei gesprochenen Statement nämlich zeigte er sich überzeugt davon, dass in der Türkei derzeit eine Auseinandersetzung stattfindet, »von der wir nur einen Teil mitbekommen und die über das Schicksal der Türkei entscheidet«. Verheugen sagte: »Wir haben alles Interesse, dass darin die europäischen Kräfte obsiegen.« Ob der Kulturkampf zwischen laizistischer Staatsdoktrin und muslimischer Renaissance in der Gesellschaft jedoch auf die vereinfachende Gleichung »Europäer gegen Islamisten« zu bringen ist, muss man bezweifeln.

Neben den politischen Kriterien gibt es in den Kopenhagener Beschlüssen aber auch wirtschaftliche Maßstäbe für einen Beitritt zur Europäischen Union. Der Europäische Rat von Kopenhagen forderte von den Beitrittskandidaten »eine funktionsfähige Marktwirtschaft sowie die Fähigkeit, dem Wettbewerbsdruck und den Marktkräften innerhalb der Union standzuhalten«. Ob dies für eine Türkei – mit einer Inflationsrate über 80 Prozent und einem Pro-Kopf-Bruttosozialprodukt von umgerechnet weniger als 3000 Euro – auf absehbare Zeit zu erwarten ist, darf man ernstlich bezweifeln. Auch die Übernahme des gemeinschaftlichen Rechtsbestandes dürfte in der Türkei, wenn sie damit einmal ernstlich beginnen würde, mehrere Jahrzehnte dauern. So stabil die Türkei im Vergleich mit manchen ihrer östlichen und südlichen Nachbarn auch erscheinen mag, so weit ist sie doch von einer wirtschaftlichen oder gesellschaftlichen Vergleichbarkeit mit den Staaten der Union entfernt. Ein politisch motivierter rascher Beitritt zur Europäischen Union, für den vor allem geostrategische Überlegungen sprechen, würde nicht nur in dieser, sondern auch in der Türkei selbst zu wirtschaftlichen und sozialen Turbulenzen führen.

Sinnvoller als viele Planspiele um eine Vollmitgliedschaft in der Europäischen Union wäre es, die geopolitische Rolle der Türkei zu stärken und bilaterale Probleme zu beseitigen. Die Türkei ist nämlich trotz aller Schwächen eine der wenigen Demokratien im Nahen Osten und ein Faktor der Stabilität im östlichen Mittelmeer. Der europäischen Außenpolitik scheint bisher kaum aufgefallen zu sein, dass Ankara nur mit einem Auge nach Westen, mit dem anderen jedoch nach Osten – nach Kirgistan, Kasachstan, Usbekistan und Turkmenistan blickt. Als stabilitätsfördernde Kraft könnte sie zwischen Baku, Alma-Ata und Taschkent eine wichtige Rolle spielen.

Wenn sich die Europäische Union entschließen könnte, statt einer kaum erfüllbaren Vision der Vollmitgliedschaft eher den Weg einer engen, freundschaftlichen Partnerschaft mit der Türkei zu gehen, wäre dies sicher weniger riskant, ehrlicher und möglicherweise sogar effizienter. Die Voraussetzungen für eine derartige Partnerschaft wären aber eine Erfüllung der aus der Zollunion stammenden Verpflichtungen der Europäischen Union, die schrittweise Aussöhnung zwischen Griechenland und der Türkei und eine Entschärfung des Zypern-Konfliktes. In diesem hat die Union bislang nur die griechische Sicht zur Kenntnis genommen. Ohne eine Berücksichtigung der türkisch-zypriotischen Sicht, die in der türkischen Intervention von 1974 nach den Worten ihres Präsidenten Rauf Denktasch »die Rettung unserer Existenz in unserer Heimat« sieht, ist weder das komplizierte griechisch-türkische Verhältnis zu entspannen noch ein seriöser EU-Beitritt Zyperns, über den ja längst verhandelt wird, zu organisieren.

Europa – Supermacht von morgen?

Als 1991 der Diktator Milošević über das kleine, freiheitsliebende Volk der Kroaten herfiel und schreckliche Gemetzel anrichtete, um das junge demokratische Pflänzchen dort mit der Wurzel auszureißen, da brauchten die Europäer noch Monate, um Kroatiens Unabhängigkeit überhaupt anzuerkennen. Das vereinte Europa blamierte sich bis auf die Knochen mit seiner Zerstrittenheit, seiner Unfähigkeit und Unwilligkeit zu handeln. Schließlich zogen sich die Kroaten am eigenen Schopf aus dem Sumpf, und die Amerikaner errangen einen brüchigen, doch immerhin einen Frieden in Bosnien-Herzegowina, wo der Psychiater Radovan Karadžić gerade dabei war, Muslime und Kroaten auszurotten. Europa ist, so musste man damals gesenkten Hauptes eingestehen, noch weit davon entfernt, eine Supermacht, ja überhaupt eine politische Macht zu sein. Auch heute noch gilt, was Richard Coudenhove-Kalergi in seinem Buch »Pan-Europa« bereits 1923 schrieb: »Nach wie vor herrscht in Europa internationale Anarchie, Vergewaltigung des Schwächeren durch den Stärkeren, latenter Kriegszustand, wirtschaftliche Zersplitterung, politische Intrige. Die europäische Politik von heute gleicht der Politik von gestern mehr als der Politik von morgen.«

So als hätte es für diesen Satz noch einer zusätzlichen Bestätigung bedurft, übten die Granden der Europäischen Union ihre Kraft Anfang 2000 an einem in sich selbst verkeilten, zerstrittenen und gerade deshalb wehrlosen Österreich. Dieselben Europäer, die gegenüber dem in Tschetschenien den Völkermord vorantreibenden russischen Präsidenten Putin unaufhörlich den Kotau übten, die die USA als Hort der Freiheit verehren, obgleich dort tausende Menschen in Todeszellen auf ihre Hinrichtung warten, meinten, die gefestigte österreichische Demokratie zum Paria, zum Unberührbaren in den eigenen Reihen machen zu müssen. Unbestreitbar war ein Großteil des Desasters »made in Austria«, so etwa die Intrigenspinnerei des scheidenden sozialistischen Bundeskanzlers Viktor Klima, die dilettantische und das Ausland zum Widerstand ermutigende Politik des offensichtlich überforderten Bundespräsidenten Thomas Klestil oder die jahrelange, auch dem Ausland offerierte Isolierung einer Partei. Doch der Versuch, eine Art europäischer Solidarität jenseits aller Institutionen und Gremien der Europäischen Union herzustellen, um mit dem Gewicht aller übrigen Staaten einen Mitgliedsstaat zu einer ganz bestimmten innenpolitischen Konstellation zu zwingen, und Österreich zum »Protektorat eines europäischen Direktoriums« (wie es Bundeskanzler Wolfgang Schüssel genannt hat) zu machen, war ebenso einmalig wie uneuropäisch, eben – im Sinne des Zitates oben – »internationale Anarchie« und die »Vergewaltigung des Schwächeren durch den Stärkeren«.

Sowohl das außen- und weltpolitische Verhalten der Europäischen Union als auch die innere Wirrnis zeigen, dass Europa noch nicht alle angemessenen Instrumente für einen funktionierenden Staat besitzt. Im Fall der österreichischen Erpressung zeigte sich jedoch auch, dass die Kommission und das Parlament – also die europäischeren Gremien – weit seriöser reagierten als die auf bilateralen, also nicht-gemeinschaftlichen Druck setzenden nationalen Regierungen. Eine Ratspräsidentschaft hat die Aufgabe, die Arbeit der 15 nationalen Regierungen zu moderieren und zu koordinieren; Erklärungen kann sie nur im Rahmen des Rates – also der 15 nationalen Regierungen – abgeben. Sie kann aber nicht im Namen von 14 gegen einen sprechen, oder im Namen von zehn gegen fünf! Vielleicht lässt sich tatsächlich einmal ein rechtlicher Rahmen schaffen, der es der Europäischen Union erlaubt, in die innenpolitischen Angelegenheiten eines Landes zu intervenieren, doch müsste das dann für die großen wie für die kleinen Staaten, für die linken wie für die konservativen Regierungen gelten. Doch solange ein Staatspräsident Frankreichs nicht bereit ist, seine Kabinettsliste bei der Europäischen Union zur Genehmigung vorzulegen, solange sollte er dies auch nicht von einem kleinen Land wie Österreich erwarten. Erpressungen und bilateraler Druck müssten innerhalb einer rechtsstaatlich organisierten Europäischen Union tabu sein.

Trotz solcher offensichtlicher Rückfälle in nationalstaatliches Denken und Eigenblockade ist anzuerkennen, dass Europa schrittweise vorangekommen ist und sich langsam auf dem Weg befindet, eine Supermacht zu werden. Mit der Europäischen Gemeinschaft wurde ein Modell der Kooperation von Staaten geschaffen, das den Krieg zwischen ihren Mitgliedern undenkbar gemacht hat. Gleichzeitig hat diese Gemeinschaft eine gewaltige Sogwirkung auf seine Nachbarn ausgeübt. Die Union hat bereits heute ein durch die Völker direkt und frei gewähltes Parlament, die Europäische Kommission als Vorstufe zu einer europäischen Regierung, den Rat als Vertretung der Staaten auf der Ebene der EU. Es gibt europäische Richtlinien, die nationales Recht brechen und einen Europäischen Gerichtshof, der mitunter auch die Mitgliedsstaaten verurteilt. Die Debatte um den Vertrag von Maastricht wurde auch deshalb so emotional geführt, weil vielen, die die Entwicklung nicht ganz genau verfolgt hatten, schlagartig klar wurde, wie viele Kompetenzen bereits auf die europäische Ebene übertragen wurden. Die Europäische Union besitzt in vielem heute bereits Staatsqualität. Aber es fehlen ihr auch noch viele Aspekte eines Staates.

Europa muss aber auch zu einem handlungsfähigen Staat werden, wenn nicht innerhalb der EU eine Diktatur der jeweils Stärksten herrschen soll, und die Europäer insgesamt nicht weiterhin und verstärkt zu einem Spielball außereuropäischer Mächte werden wollen. Prophetisch hat Coudenhove-Kalergi 1923 die Lage Europas nach dem Zweiten Weltkrieg erahnt, als er schrieb: »Weder der Westen noch der Osten will Europa retten: Russland will es erobern – Amerika will es kaufen. Durch diese Skylla der russischen Militärdiktatur und die Charybdis der amerikanischen Finanzdiktatur führt nur ein schmaler Weg in eine bessere Zukunft. Dieser Weg heißt Pan-Europa und bedeutet: Selbsthilfe durch Zusammenschluss Europas zu einem politisch-wirtschaftlichen Zweckverband.«

Nun hat sich mit dem Verschwinden der bipolaren Aufteilung der Welt, also der west-östlichen Blockstellung, die Situation tiefgreifend geändert. Tatsache bleibt jedoch, dass die Vereinigten Staaten von Amerika auch heute noch kein besonderes Interesse an einer allzu großen weltpolitischen Selbstständigkeit der Europäer haben. Zwar wünschten sie im Kosovo-Krieg, die Europäer wären selbst zu größerer militärischer Leistung in der Lage, doch darf man daraus nicht schließen, dass Washington gerne einen gleichberechtigten Mitspieler in der Weltpolitik hätte. Russland, das in den ersten Jahren der Jelzin-Ära auf sich selbst zurückgezogen war, hat schnell wieder an außenpolitischer Aggressivität gewonnen. Unter Präsident Putin wird es eine höchst aktive, sicher nicht immer europäisch orientierte Außenpolitik spielen. Dieses Russland grenzt immer mehr an das vereinte Europa, aber nur sehr marginal – bei der Bering-Strasse, die Alaska von Sibirien trennt – an Amerika. Ist Europa in der Lage, seine Außengrenzen zu sichern, sein Staatsgebiet zu verteidigen und – gegebenenfalls auch einmal ohne oder sogar gegen den Willen der Amerikaner – seine Interessen nötigenfalls militärisch in der Welt zu vertreten?

Diesbezüglich darf man noch immer ernste Bedenken haben. Die Verteidigung Europas sei noch immer eine Aufgabe von NATO und WEU, sagte der stellvertretende kommandierende General des Eurokorps, José Toussaint, noch im Januar 2000. Das Eurokorps, an dem derzeit fünf EU-Mitgliedsstaaten beteiligt sind, sei »ein Element der europäischen Verteidigungsidentität«, doch bestehe noch kein ausreichender politischer Wille für eine europäische Armee, meinte der belgische General realistisch. Mit der Gründung einer schnellen Eingreiftruppe und der Verschmelzung von WEU und EU geht Europa zwar erste Schritte in diese Richtung, jedoch noch recht zaghaft. Es ist unsolidarisch und vermutlich auch praktisch unmöglich, dass die Europäische Union etwa die Sicherung seiner Ostgrenze immer den jeweils östlichsten Mitgliedsstaaten überlässt. Dies ist zwar im Augenblick, da allenfalls Schmugglerbanden oder Wirtschaftsflüchtlinge abzuwehren sind, eher eine Aufgabe der Grenzpolizei. Doch nach erfolgter Osterweiterung wird die EU an weit unsicherere Gebiete grenzen als heute. Die Sicherung der Außengrenzen kann deshalb dauerhaft nur als gemeinschaftliche Aufgabe gesehen werden.

Die Unverletzlichkeit des gesamten Unionsgebietes müssen die Europäische Union und alle ihre Mitgliedsstaaten gemeinsam garantieren. Eine Verletzung der finnischen Ostgrenze etwa beträfe nicht nur Helsinki, sondern ganz Europa. Diese Dimension gewinnt mit der Osterweiterung zweifellos an Brisanz. Denn während es in der russischen Duma noch ausreichend Kräfte gibt, die von einer territorialen Wiederherstellung des alten Sowjetreiches träumen, schicken sich die drei baltischen Republiken – in denen auch unterschiedlich große russische Minoritäten leben – an, Mitglieder der Europäischen Union zu werden. Damit wird die Union aber auch die Probleme dieser Länder und ihre Sorgen integrieren. Eine Drohung Moskaus gegen Riga wegen der Behandlung der Russen in Lettland ist dann zweifellos eine innere Angelegenheit

Europas und würde eine gesamteuropäische Antwort erfordern.

Doch es geht nicht nur um die Verteidigung des Unionsgebietes und die Wahrung seiner Integrität, sondern auch um eine wirksame Vertretung eigener Ideale und eigener Interessen in der Welt. Vom Ende des Zweiten Weltkriegs bis zum Ende des Kalten Kriegs betrieben dies im globalen Maßstab nur die USA und die Sowjetunion. Trotz aller Verschiedenheit der Interessen war die Welt in zwei einander gegenüberstehende Blöcke eingeteilt. Neutrale Länder und die sogenannten Blockfreien spielten dabei keine nennenswerte Rolle. Nach 1991 gab es kurzzeitig politisch eine monopolare Welt, denn die einzige verbliebene Supermacht waren die USA. Doch es zeichnet sich seit langem ab, dass sich in den nächsten Jahrzehnten eine politische Multipolarität verstärkt entwickeln wird. Mit der vom einstigen deutschen Bundeskanzler Willy Brandt so gerne verwendeten Einteilung der Welt in Ost und West, Nord und Süd ist es dann unwiderruflich vorbei.

Die islamische Welt ist eine eigene Größe, die jedoch in sich alles andere als geschlossen oder einheitlich ist. China, Japan und Indien vertreten nicht westliche oder östliche, sondern eigene Interessen in der Weltwirtschaft und in der Weltpolitik. Die USA, die bis 1991 durch die Existenz einer sowjet-kommunistischen Bedrohung Europas gezwungen waren, auch unsere Interessen in einem bestimmten sicherheitspolitischen Bereich wahrzunehmen, werden künftig weniger Rücksicht auf Europa nehmen. Washington vertritt – was euphorische Atlantiker seit jeher übersehen – in der

Weltpolitik nicht nur die Grundsätze von Demokratie, Freiheit und Menschenwürde, sondern auch handfeste amerikanische Wirtschaftsinteressen. Mit diesen ist Europa wirtschaftlich immer wieder in Konflikt geraten und es spricht vieles dafür, dass dies auch politisch künftig häufiger der Fall sein wird.

Daneben gibt es zwei zersplitterte und derzeit noch schlafende Riesen, die weltpolitisch nur als Objekte behandelt werden, deren Potenzial aber noch nicht einmal in den Grundzügen definiert ist: Südamerika und Afrika. Auf beiden Kontinenten sind die USA nicht über die Maßen beliebt; in beiden Fällen würde sich die Entwicklung einer gezielten und kompetenten europäischen Außenpolitik sicher lohnen. Spanien und Portugal haben neben der sprachlichen Brücke auch ein historisch bedingtes Interesse am Geschehen in Lateinamerika. Frankreich und Großbritannien, in geringerem Maße Deutschland und Belgien, haben gegenüber Afrika auch eine geschichtliche Verpflichtung. Ein außenpolitisches Konzept ist in beiden Fällen noch nicht einmal ansatzweise entwickelt. Dabei gäbe es beiderseitige wirtschaftliche und politische Interessen in dieser Richtung.

Ein Beispiel dafür ist Südafrika: Ende 1999 wurde nach jahrelangen Verhandlungen und Verzögerungen das Handelsabkommen der Union mit Südafrika unterzeichnet. Für das Land am Kap ist das Abkommen mit der Europäischen Union ohne Zweifel noch bedeutender als umgekehrt: 40 Prozent der Ausfuhren des Landes gelangen in die Union, 33 Prozent seiner Einfuhren kommen aus ihr. Dagegen stammen nur 1,9 Prozent der

EU-Einfuhren aus Südafrika, 1,3 Prozent ihrer Ausfuhren gehen in das Land am Kap. Ein Großteil der Importe aus Südafrika, insbesondere Edelsteine und Metalle, kamen schon bisher zollfrei auf den europäischen Binnenmarkt, bald jedoch sollen es 95 Prozent sein. Ungewöhnlich für Abkommen dieser Art ist, dass die Europäische Union sich auch weitgehend für die Agrarerzeugnisse aus dem fernen Südafrika öffnete. Ursprünglich wollte die Union fast die Hälfte der landwirtschaftlichen Produkte ausschließen, vor allem Fruchtsäfte, Orangen, Äpfel und Spargel. Man befürchtete zu große Turbulenzen für die eigene Landwirtschaft.

Doch die Erkenntnis, dass der Agrarsektor für Südafrika von größter Bedeutung ist und der Wunsch, zur Stabilisierung des dortigen Arbeitsmarktes – und damit der Gesellschaft – beizutragen, obsiegte über protektionistische Ideen. 75 Prozent der Agrarerzeugnisse Südafrikas sollen nach dem Inkrafttreten des Abkommens freien oder zumindest erleichterten Zugang zum großen Markt Europas haben. Besondere Schwierigkeiten, die das Abkommen über Jahre verzögerten, gab es bei den Verhandlungen über Wein und Spirituosen. Spanien und Portugal beharrten darauf, dass südafrikanische Getränke nicht als »Sherry« und »Porto« gehandelt werden dürften. Nur die Spezialität aus Jerez soll, so will es Madrid, sich Sherry nennen dürfen; nur jene aus Oporto, so insistiert Lissabon, darf Portwein sein. Doch nicht ein Beitritt zur Europäischen Union, sondern bloße wirtschaftliche Zusammenarbeit ist das Ziel der Verhandlungen und des Abkommens.

Auch mit den Ländern des südlichen Mittelmeerraumes – die, wie Otto von Habsburg brillant nachwies, mit dem eigentlichen Afrika wenig zu tun haben – hat die Europäische Union bereits einen politischen Dialog, mit einigen auch Handels- und Kooperationsabkommen. Dies dient nicht nur dem gedeihlichen bilateralen Dialog, sondern auch dem Frieden und der Stabilität im Mittelmeerraum. Auch hinsichtlich offenkundig problematischer Staaten wie dem Libyen von Oberst Gaddafi kann Europa nicht jene kompromisslose Blockadepolitik betreiben, die Washington seit Jahrzehnten mit mäßigem Erfolg gegen Fidel Castros Kuba verficht. Wer den Frieden im Mittelmeerraum will, muss mit den dort real existierenden Kräften im Gespräch bleiben. Dies gilt insbesondere für den sogenannten Nah-Ost-Dialog, also das weiter schwierig bleibende Miteinander von Israelis und Arabern im Heiligen Land. Der Journalist und Nah-Ost-Experte Wolfgang Günter Lerch hat den USA – und etwas milder auch den Europäern – eine »dilettantische« und von »Fehlleistungen und Fehleinschätzungen« geprägte Politik gegenüber dem islamischen Orient vorgeworfen. Lerchs Plädoyer: »Der Westen muss endlich mit der islamischen Welt prinzipiell ins Reine kommen, jedenfalls soweit das möglich ist. Er muss seine Kenntnisse über sie vertiefen und seine Beziehungen zu ihr so stetig und widerspruchsfrei wie möglich gestalten.«

Im Gegensatz zum vielzitierten Samuel Huntington, der nach dem Ende der Ost-West-Konfrontation einen »clash of civilizations«, eine Konfrontation der Zivilisationen, prophezeite, versucht Lerch, der Verständigung zwischen abendländisch-westlicher und islamischer Zivilisation durch eine Mehrung von Kenntnis und Wissen Brücken zu bauen. Dabei weiß er wohl, dass er gegen eine Mauer der Angst und der Vorurteile anzukämpfen hat, die nicht zuletzt bei jenen sich aufgeklärt wähnenden Zeitgenossen besteht, die Religion an sich für ein archaisches, zu überwindendes Phänomen halten. Die Muslime als vollgültige und gleichberechtigte Partner zu akzeptieren, die ihre Probleme nach den eigenen Maßstäben zu lösen hätten, hält der erfahrene Korrespondent für eine wesentliche Voraussetzung jeder Verständigung. Dazu gehöre auch, »die Grundbefindlichkeit arabo-islamischer Zivilisation« zu studieren. Die westlich-säkulare Angst vor »Islamisten« und »Fundamentalisten« ist sicher mindestens die eine Scheuklappe des Westens im Verhältnis zur islamischen Welt.

Wenn die Europäische Union sich entschließen könnte, nicht nur eine kontinentale Friedensordnung zu garantieren, sondern auch die Stimme Europas in der Welt zu sein, wenn sie eine tragfähige Außenpolitik entwickeln würde und diese auch konsequent vertreten könnte, dann wäre sie sicher eine neue Supermacht. Diese neu gewonnene Macht für seine Ideale einzusetzen, könnte den Europäern – die nicht immer überall segensreich gewirkt haben – auch neues Prestige verschaffen. Der junge Politikwissenschaftler Stefan Krauß schrieb: »Ja, Europa hätte eine Mission zu erfüllen, könnte geschichtlich vollenden, was in der Französischen Revolution aus verschiedenen Gründen nicht gelingen konnte. Es könnte als geeinter Kontinent nicht nur verbal, sondern durch Taten als Anwalt der Menschenrechte auftreten.« Doch zugleich müssten die Europäer auch ihre eigenen, wirtschaftlichen wie politischen Interessen verfolgen, so wie dies andere Staaten mit der größten Selbstverständlichkeit tun. Nach außen wäre dieses Europa stark und einig – doch damit dem »Superstaat Europa« nicht durch die eigenen Bürger die Legitimation entzogen wird, muss er nach innen föderalistisch, freiheitlich und dezentral organisiert sein.

Auf der Suche nach Europas Wesen und Zukunft

Der Staat als Versicherungsgesellschaft?

»Am meisten gleicht der Staat einer Versicherungsgesellschaft«, schrieb der Gründer der Paneuropa-Bewegung, Richard Graf Coudenhove-Kalergi, in seinem 1937 veröffentlichten Buch »Totaler Staat – Totaler Mensch«. Er erläuterte: »Die Staatsbürger zahlen ihre Steuern und verpflichten sich, den Gesetzen zu gehorchen. Dafür übernimmt der Staat deren Schutz gegen Verbrecher und gegen Feinde. Mit den Steuergeldern erhält der Staat für seine Steuerzahler eine Leibgarde gegen Verbrecher: die Polizei, und eine Leibgarde gegen Feinde: die Armee. Er sichert sie vor Mord und Körperverletzung, vor Raub und Diebstahl, vor Betrug und Erpressung; er sorgt für die Aufrechterhaltung von Verkehr und Post, für die Einrichtung von Schulen und Gefängnissen, einer Justiz und Verwaltung.« Diese Idee eines Staates als Dienstleistungs-Unternehmen, als Versicherungsgesellschaft freier Menschen hielt der Gründer der Paneuropa-Bewegung den totalitären Bewegungen seiner Zeit, dem National-Sozialismus und dem Kommunismus entgegen, die den Staat über den Menschen setzten.

Dennoch ist der Staat für Coudenhove-Kalergi mehr

als eine Versicherungsgesellschaft – auch dies wird in seinem Buch deutlich, etwa wenn er über Athen und Sparta schreibt: »Die Ideen des totalen Staates und des totalen Menschen stehen einander an den Wurzeln der europäischen Geschichte gegenüber in Gestalt von Sparta und Athen.« Beide hellenischen Stadt-Staaten hatten eine Staatsidee, die Coudenhove-Kalergi frei formuliert etwa so charakterisiert: Spartas Staatsidee war die Macht des Staates bei totaler Unterordnung persönlicher Interessen, die Folge war ein Kriegerstaat; Athens Staatsidee war die Freiheit des Bürgers in der Gesellschaft, die Folge war die erste Demokratie. Der Staat ist deshalb von einer Grundidee, einer Einstellung, Haltung oder zumindest diffusen Ideologie geprägt, die über das rein Funktionale einer Versicherungsgesellschaft hinausgeht. Ohne über historische Details richten zu wollen, könnte man sagen: Die Staatsidee des Römischen Reiches war »res publica«, der Staat als öffentliche Angelegenheit der römischen Bürger. Diese Idee wurde jedoch spätestens mit dem Übergang zum Kaisertum von einer anderen mehr und mehr verdrängt, nämlich von der Idee des Imperiums, der Herrschaft Roms über die Welt.

Auch im Mittelalter können wir Staatsideen erkennen: So war das Heilige Römische Reich sicher geprägt von der Idee des »Ordo«. Es verstand sich selbst als Teil der Gott-gewollten Ordnung; der Kaiser galt als der weltliche Statthalter Christi, dem seine Reiche von Gott zum Lehen gegeben wurden. Darum konnte Kaiser Karl V., der an der Schwelle zur Neuzeit das mittelalterliche Denken verteidigte, sagen: »Ich wurde nicht mit der

Kaiserkrone belehnt, um über eine noch bedeutendere Anzahl von Gebieten zu herrschen, sondern um den Frieden der Christenheit zu festigen und so alle Mächte zum größeren Wohl des christlichen Glaubens im Kampf gegen die Türken zu einen.« Die Ordnung der christlichen Völkerwelt schloss für ihn eine Friedensordnung mit ein; der Gegensatz dazu war die Willkürherrschaft der chaotischen, der ungeordneten Kräfte, zu denen das Mittelalter sicher auch die heidnischen Türken zählte. Über den Sohn Karls V., den vielleicht letzten mittelalterlich fühlenden Herrscher, den spanischen König Philipp II., schrieb Reinhold Schneider: »Der spanische König ist nicht der erste Diener des Staates; er ist der erste Diener Gottes. Er herrscht absolut, weil er ein Gehorchender ist.«

Dieses mittelalterliche »Ordo« -Denken, in dem sich die staatliche Macht in die Ordnung der Schöpfung Gottes und in die Ordnung des christlichen Heilsplanes einfügen will, wird in der Neuzeit durch säkulare Staatsideen abgelöst. In der Österreichisch-Ungarischen Monarchie jedoch lebt der Gedanke des Gottesgnadentums gewandelt bis in das 20. Jahrhundert fort. Dies meinte der galizisch-jüdische Schriftsteller Joseph Roth, als er in seinem Roman »Radetzkymarsch« schrieb: »Die Monarchie, unsere Monarchie, ist gegründet auf der Frömmigkeit: auf dem Glauben, dass Gott die Habsburger erwählt hat, über so und so viel christliche Völker zu regieren. Unser Kaiser ist ein weltlicher Bruder des Papstes, es ist seine K.u.K. Apostolische Majestät, keine andere wie er apostolisch, keine andere Majestät in Europa so abhängig von der Gnade Gottes und vom Glauben der Völker an die Gnade Gottes. Der deutsche Kaiser regiert, wenn Gott ihn verläßt, immer noch; eventuell von der Gnade der Nation. Der Kaiser von Österreich-Ungarn darf nicht von Gott verlassen werden.«

Auch an der Geschichte der Neuzeit lässt sich ablesen, dass Staaten – mehr oder weniger bewusst – Staatsideen haben, das heißt grundlegende, identitätsstiftende Ideen. Ohne eine Staatsidee wäre der Staat weder liebens- noch hassenswert. Er wäre nicht wert, dass seine Bürger ihn verteidigen, sei es in Reden oder mit der Waffe in der Hand. Er wäre tatsächlich nicht mehr als eine Versicherungsgesellschaft und die Frage würde sich aufdrängen, ob nicht all das, was er seinen Bürgern an Dienstleistungen bietet, durch private Gesellschaften besser geleistet werden kann. Menschen können sich mit ihrem Heimatdorf identifizieren, mit ihrer Familie oder mit ihrer Muttersprache, weil all dies einen Teil ihrer eigenen Identität bedeutet. Wenn sich Menschen mit einem Staat identifizieren, dann wohl weniger wegen seiner Apparate und Paragraphen, sondern wegen seiner Staatsidee und den ihr zu Grunde liegenden Werten. Bei einer Diskussion Anfang der 70er Jahre hatte Richard Löwenthal die Frage gestellt: »Wie viele Leute wären bereit, für diesen Staat zu sterben?« Der Journalist Hans Heigert unterbrach ihn und meinte, dies sei »eine unfaire Frage, die Sie unmöglich stellen können«. Darauf Löwenthal: »Das ist die Kernfrage für die Existenz eines Staates. Alles andere ist Schwindel.« Es ist die Frage nach dem Ernstfall, von dem jeder hofft, dass er nie eintritt.

Als 1991 in Litauen die Menschen auf die Straße gingen, um für die Freiheit und Unabhängigkeit ihres Landes von der Sowjetunion zu demonstrieren, da riskierten sie bewusst ihr Leben. Der vom Westen so gehätschelte Friedensnobelpreisträger Michail Gorbatschow war auch tatsächlich bereit, Gewalt anzuwenden, um die Sezession der baltischen Staaten zu verhindern. Als die Kroaten mit gewaltiger Mehrheit für die Freiheit und Unabhängigkeit ihres Landes vom jugo-kommunistischen Regime in Belgrad votierten, da wussten sie, dass der serbische Diktator Slobodan Milošević einem Auseinanderfallen Jugoslawiens nicht tatenlos zusehen würde, und sie ahnten zumindest die Opfer, die sie für ihr Vaterland bringen müssten. Während der harten Jahre des Krieges, der dem Volk Tod, Vertreibung, Verarmung und Entbehrungen brachte, war Franjo Tudjman für die Kroaten ein Held, der Vater des Vaterlandes, weil er die nationale Frage löste. Erst als diese nationale Frage erfolgreich gelöst war und sich die sozialen Probleme wieder in den Vordergrund schoben, machte sich Unmut über die Führung breit. Warum, so müssen wir fragen, waren viele Litauer oder Kroaten (und unzählige andere) bereit, für die Wiedergewinnung ihrer staatlichen Souveränität das eigene Leben zu riskieren? Eine vorläufige Antwort lautet: Weil sie nicht nur die Versicherungsgesellschaft wechseln wollten, sondern in dem Staat, für den sie kämpften, ihr Vaterland sahen. »Vaterland«, das ist ein vielschichtiger Begriff, der ohne Mythos und Geschichte, ohne Idee und Ziel nicht auskommt.

Während in der Antike und im Mittelalter die Staatsidee weitgehend als Selbstverständlichkeit und als Voraussetzung gesellschaftlichen Zusammenlebens betrachtet wurde, wird sie in der Neuzeit zum Anlass für Propaganda und ideologische Kämpfe. Dies beginnt mit der Französischen Revolution, mit der erstmals die monarchische Einheit des Staates durch die nationale ersetzt wird. Der Staat – Frankreich – ist nicht mehr definiert durch das Herrschaftsgebiet eines Königs, sondern durch die »Nation« als mythische Größe. Das Britische Empire war getragen durch eine Staatsidee, die sich vielleicht am besten im »Britannia rule the waves« manifestierte. Die Staatsidee des Großdeutschen Reiches von Adolf Hitler war die Herrschaft einer Rasse. Die offizielle Staatsidee der Sowjetunion Lenins war die Diktatur des Proletariates, auch wenn diese in der Praxis völlig durch die Idee von den Privilegien der Funktionäre und der Diktatur der Parteioligarchen überlagert wurde.

Es ist offensichtlich, dass Staaten so etwas wie Staatsideen haben, wobei die offiziell verkündete und propagierte Staatsidee mit der faktisch herrschenden oft nicht übereinstimmt. Der Kommunismus, die Ideologie der Lüge, propagierte Gleichheit und schuf extreme Ungleichheiten. Die westlichen Staaten unserer Tage lehnen weitgehend alle Ideologien offiziell ab und erklären sich zu »weltanschaulich neutralen« Staaten. Davon lassen wir uns freilich nicht täuschen, wissen wir doch mit Caspar von Schrenck-Notzing: »Der Antiideologismus ist auch eine Ideologie, die allerdings den Nachteil hat, dass sie keine Bindekraft entwickelt.« Ein wertfreies Leben ist vielleicht in der Tierwelt, aber sicher nicht unter Menschen möglich. Staaten brauchen ein Programm, ein Ideal, eine Staatsidee, um von den Menschen geliebt, verteidigt, beurteilt, in Ehren gehalten oder bekämpft zu werden.

Wenn die Europäische Union, wie wir sahen, ein Staat ist – oder zumindest auf dem Weg einer zu werden ist – dann müssen wir auch die Frage nach ihrer Staatsidee stellen. Denn wer garantiert, dass der europäische Staat morgen anders, nämlich europäischer handeln würde, als die Nationalstaaten, die bis vor kurzem in Europa das Sagen hatten? Welche Ideale, welche Ziele wird der europäische Staat von morgen vertreten? Prägnanter gefragt: Welche Staatsidee wird Europa morgen haben? Eine große Gefahr besteht doch darin, dass dieses Europa zu einer kalten Technokratie wird, zu einer funktionierenden, aber seelenlosen Maschine, ohne Bezug zur eigenen Geschichte und Kultur, und deshalb auch ohne die Möglichkeit, den Europäern Heimat oder Vaterland zu sein. Jene, die die Europäische Union als reine Wirtschaftsgemeinschaft sehen, die sich mit einem auf Interessen beruhenden Klub der Reichen begnügen wollen, die Europa als bloße Möglichkeit sehen, ihrer eigenen Nation oder Gesellschaft Vorteile in Wirtschaft und Wettbewerb zu sichern, sie bauen eine solche kalte Technokratie, die zunehmend als Bedrohung empfunden würde.

Nehmen wir ein besonders krasses Beispiel, das ähnlich dem Laborversuch mitunter besser zeigt, was im wirklichen Leben zwar auch, aber eben verwässerter, trüber, weniger deutlich erkennbar stattfindet. Der Germanist Richard Herzinger und der Schriftsteller

Hannes Stein schreiben in ihrem vor Amerika-Begeisterung geradezu glühenden Buch »Endzeit-Propheten oder Die Offensive der Antiwestler«: »Diese angeblichen Einheiten sind aber Schimären, und die erträumte gemeinsame ›kulturelle Identität‹ Europas ist eine gefährliche und irreführende Illusion. In dem Sinne, wie es die Europamythologen meinen, hat Europa nie eine gemeinsame Kultur besessen. Wenn es eine europäische Idee gibt, dann besteht sie gerade in der Erkenntnis, dass es zur Errichtung einer humanen gesellschaftlichen Ordnung notwendig ist, sich aus den diktatorischen Fesseln der ›Kultur‹ und der ›Tradition‹ zu lösen.« Die Autoren plädieren für einen intellektuellen, aber völlig geschichtslosen Universalismus: »Das vereinigte Europa ist ein Neuanfang, eine Neugründung; es ist ein künstliches Gebilde ...«. Abgesehen von dem Nebeneffekt, dass solche Thesen ungewollt Wasser auf die Mühlen der antieuropäischen Nationalisten gießen, sind sie geschichtlich und psychologisch fragwürdig.

Europa wäre in dieser Sicht tatsächlich nur eine Vernunftentscheidung, ein Konstrukt, das einer Firma oder Versicherungsgesellschaft vergleichbar wäre. Woher die Prinzipien der »für alle gültigen Menschen- und Bürgerrechte«, die die Autoren aller vorherigen Argumentation zum Trotz als Basis Europas anmahnen, überhaupt kommen und wodurch sie Verbindlichkeit beanspruchen können, das wissen die Autoren freilich nicht zu beantworten. Polemisch könnte man sagen, die Autoren verwechseln das Europa von heute mit dem Australien des 17. Jahrhunderts, einem Kontinent, den man nur in Besitz zu nehmen und nach eigenem Gutdünken zu gestalten braucht. Aber ist Europa tatsächlich diese geschichtslose, kultur- und traditionslose Knetmasse in den Händen von Ideologen, Menschheitsbeglückern, Wirtschaftskapitänen, Politikern und Bürokraten? Wenn Europa nicht mehr sein sollte als dies, würde es unseren Einsatz nicht verdienen. Ja, es würde sich die Frage nach der Qualität und der Daseinsberechtigung dieses Staates stellen. Eine Definition der Staatsidee Europas setzt deshalb eine Suche nach der Identität dieses Erdteils voraus.

Europas Identität: Eine Spurensuche

Ein europäischer Staat, und mehr noch eine europäische Staatsidee setzen voraus, dass die Europäer selbst ihre Vielfalt und Verschiedenheit nicht als etwas Trennendes, oder zumindest nicht als etwas unüberwindbar Trennendes, empfinden. Längst sind es nicht mehr die Konfessionen, immer weniger auch die Religionen, die Europa zu zerreißen scheinen – nicht weil sie sich angeglichen oder in jedem Fall versöhnt hätten, sondern weil ihnen in einem weitgehend säkularen Abendland das politische Gewicht dazu fehlt. Auch sind es in abnehmendem Maße die nationalen Gefühle, die die Europäer zueinander distant erscheinen lassen, jedoch stärker die Sprachunterschiede. Die konkrete Lebenssituation der Bürger der jeweils ähnlichen sozialen Schicht in den verschiedenen Mitgliedsstaaten der Europäischen Union hat sich einander angenähert. Mit Recht kann man heute fragen, ob ein Banker aus Mailand einem Banker aus München, Paris, London und Madrid nicht ähnlicher ist, denkt und lebt als einem Kellner, Friseur, Sozialarbeiter oder Bauern seiner Heimat. Und hat nicht der Bauer in Südfrankreich ähnliche Sorgen wie der Bauer in Andalusien, Niederbayern oder im Friaul? Drücken nicht den Fabrikarbeiter in Nordrhein-Westfalen ganz ähnliche Probleme wie seine Kollegen in Wales, Neapel oder Stockholm?

Bereits 1931 hatte Richard Coudenhove-Kalergi die These vertreten, dass die soziale Struktur Europas weitgehend einheitlich sei: »gegründet auf Monogamie und Familie, auf Privateigentum, auf gleiche Sitten und Feste, auf gleiche Religion, gleiche Tradition, gleiche Ehr- und Moralbegriffe, gleiche Vorurteile. Abgesehen von der Sprachverschiedenheit sind die Unterschiede zwischen einem spanischen und einem polnischen Bauern, einem deutschen und einem tschechischen Industriearbeiter, einem italienischen und einem französischen Gelehrten unwesentlich. Sie unterscheiden sich stärker von ihren Mitbürgern anderer Stände als von ihren Berufsgenossen fremder Nationen.« Dies ließe sich heute aus einem Grund nicht mehr und noch nicht sagen, nämlich wegen des radikalen Gefälles innerhalb Europas, das durch Jahrzehnte kommunistischer Terror- und Stümperherrschaft geschaffen wurde. Das Gefälle zwischen einem spanischen und einem polnischen Bauern, einem italienischen und einem bulgarischen Gelehrten, einem deutschen und einem ungarischen oder tschechischen Arbeiter verdanken wir großenteils der kommunistischen Ära in Mittel- und Osteuropa. Diese Tyrannis hat zu einem geschichtlich wohl einzigartigen kulturellen, wirtschaftlichen, geistigen und politischen Niedergang geführt. Was an geistig-kultureller Kraft blieb, überwinterte in Opposition zum herrschenden Regime. Von den Verwüstungen des Kommunismus kann sich die Hälfte Europas nur langsam und schrittweise erholen. Für die Staaten in der Europäischen Union gilt trotz aller Differenzen aber überwiegend, was oben gesagt wurde.

Im Vergleich zu anderen Kulturkreisen und Erdteilen weisen die Sitten und Gebräuche, die Traditionen und Ehrbegriffe, aber auch die Unsitten und Moden, die Verfallserscheinungen und Trends Europas mehr Gemeinsames als Trennendes auf. Dies gilt, wie gesagt, im Guten wie im Schlechten, im Wertvollen wie im Fragwürdigen. Und es hat seinen Grund auch darin, dass trotz aller Kleinstaaterei und trotz alles politischen Gegeneinanders den Völkern dieses Erdteils viele historische Erfahrungen gemein sind. Coudenhove-Kalergi hat das so formuliert: »Europa ist eine historische Gemeinschaft: das römische Europa; das karolingische Europa; das päpstliche Europa, das napoleonische Europa waren politisch geeinigt. Gemeinsam waren die europäischen Erlebnisse der Bekehrung zum Christentum, der Völkerwanderung, der Gotik, des Rittertums, der Kreuzzüge, des Humanismus und der Renaissance, der Reformation und Gegenreformation, des Absolutismus und des Barock, der Aufklärung und der Romantik, des Nationalismus, der Demokratie und des Sozialismus. Alle diese Bewegungen hat Europa gemeinsam durchlebt – über alle Grenzen und Sprachen hinweg. Sie haben die europäische Seele zu dem gemacht, was sie heute ist. Sie haben Europa zu einer unbewussten Nation gestaltet, zu einem besonderen Zweig der Menschheit, zu einer großen Familie von Völkern.«

Überflüssig zu sagen, dass die genannten Ereignisse Europa auch spalteten und in Kriege führten. Wahr ist jedoch, dass sie alle das gemeinsame Bewusstsein der Europäer prägten und so etwas wie die Entwicklung einer europäischen Identität beeinflussten. Es ist richtig und greift doch zu kurz, Europa als das Ergebnis von hellenistischer Philosophie, römischem Rechtsdenken und christlichem Glauben zu definieren. Der deutsche Bundespräsident Theodor Heuss, ein Liberaler, sagte in diesem Sinn 1950: »Von drei Hügeln ging Europa aus: von der Akropolis, dem Capitol und Golgatha.« Auch Papst Johannes Paul II. hatte unbestreitbar recht, als er bei einer Ansprache in Santiago de Compostela 1982 sagte, »dass das europäische Wesen unverständlich ist ohne das Christentum«. Der Papst fuhr fort: »Auch noch in unseren Tagen ist die Seele Europas eins, denn sie hat neben ihrem gemeinsamen Ursprung genau die gleichen christlichen und menschlichen Werte; hierzu gehören etwa die der menschlichen Würde, des tiefen Gefühls für Gerechtigkeit und Freiheit, der Arbeitsamkeit, der Unternehmungsfreude, der Liebe zur Familie, des Respekts vor dem Leben, der Toleranz und der Sehnsucht nach Zusammenarbeit und Frieden«. Europa sei der Kontinent, der »am meisten zur Entwicklung der Welt beigetragen hat: ebenso auf dem Gebiet des Denkens und des Arbeitens, wie auch auf dem der Wissenschaft und der Künste«, meinte der Papst. Johannes Paul II. weiß zugleich aber auch um die Schattenseiten, und hat sie in seinem Pontifikat oft genug angeprangert: die sich ausbreitende »Kultur des Todes« mit ihren vielen Facetten etwa, den Verfall des Familienbewusstseins, Intoleranz, Unfrieden und Ideologien der Unfreiheit. Der Papst weiß um die Schattenseiten der europäischen Geschichte und Gegenwart.

Dennoch, und dies ist aufschlussreich, ist Papst Johannes Paul II. ganz offensichtlich von einer gemeinsamen, zutiefst christlich geprägten Identität Europas überzeugt, die er für verdeckt oder verschüttet hält. In Santiago de Compostela formulierte er dies in einem Appell »an dich, altes Europa«: »Finde dich wieder selbst. Sei du selbst. Schau auf deine Ursprünge. Belebe deine Wurzeln. Lass jene wahren Werte wieder aufleben, die deine Geschichte ehrenvoll machten und dich unter den anderen Erdteilen herausheben.« Auch jene Kräfte, die die geistesgeschichtliche Entwicklung der zurückliegenden zwei Jahrhunderte für eine Fehlentwicklung halten und für eine Rückbesinnung auf die Wurzeln im Sinne des Papst-Zitates plädieren, werden nicht davon ausgehen, dass ein vor-revolutionäres oder vor-aufklärerisches Europa wiederherstellbar sei. Ein Zurück hinter 1789 ist keinesfalls möglich. Andererseits muss man das Zeitalter der Aufklärungen und Revolutionen auch nicht für den Gipfel- oder Schlusspunkt jeder historischen oder geistesgeschichtlichen Entwicklung halten.

Bassam Tibi etwa macht diesen Fehler in einem Buch, das im Titel behauptet, etwas über Europas Identität auszusagen. Tibi spürt darin der in Jahrhunderten gewachsenen und in Widersprüchen gereiften Identität Europas gar nicht nach, sondern plädiert für ein aufklärerisches, säkularisiertes Europa, das er offenbar für die Krönung aller zivilisatorischen Entwicklung hält. Im Namen aufgeklärter Toleranz überzieht der Autor alles Aufklärungs-Fremde mit dem Vorwurf, »vormodern« und damit seiner Toleranz unwürdig zu sein. Eine Selbstkritik der Aufklärung sucht man in dem Buch vergebens, legt doch der Autor ein Glaubensbekenntnis eigener Art ab, indem er beteuert, »dem bei Adorno und Horkheimer erlernten aufklärerischen Denken der 68er-Zeit treu« geblieben zu sein. Zumindest gibt Tibi offen zu, dass Laizismus und der »Primat der Vernunft gegenüber jeder Religion« zu seinen Dogmen gehören. Darf man noch fragen, wessen Vernunft?

Erik von Kuehnelt-Leddihn hat immer wieder – und mit gutem Grund – für eine Aufklärung der Aufgeklärten plädiert. Unser Zeitalter hat gar keinen Anlass, auf vergangene Zeiten herunterzublicken. Im Vergleich mit dem vermeintlich finsteren Mittelalter hat das 20. Jahrhundert unheilbar tiefe Wunden ins Antlitz Europas und der Welt geschnitten. Die millionenfachen Tod, grausame Vertreibungen und zahllose Foltern bringenden Bewegungen des Kommunismus und des Nationalsozialismus sind historisch vermutlich tatsächlich unvergleichlich. Im Gegensatz zum Nationalsozialismus ist der Kommunismus mit seinen Greueln bis heute nur höchst oberflächlich aufgearbeitet und bewältigt. Man lese zumindest das von Stéphane Courtois, Nicolas Werth, Jean-Louis Panné, Andrzej Paczkowski, Karel Bartosek und Jean-Louis Margolin herausgegebene »Schwarzbuch des Kommunismus«, um sich einen Überblick über diese Wahnidee und ihre Schrecken zu verschaffen, unter deren Folgen Europa noch immer leidet.

Das Wüten des Nationalismus und des Kommunismus, die versuchte Ausrottung der europäischen Juden, die Vertreibungen ganzer Völker und Volksgruppen, das willkürliche Verschieben von Grenzen, die Errichtung der menschenverachtendsten Regime, all das ist ein bleibendes Erbe des 20. Jahrhunderts. Was geschehen ist, lässt sich nicht ungeschehen machen. Friedrich Dürrenmatt lässt in »Die Physiker« seinen Möbius philosophieren, dass nicht mehr zurückgenommen werden könne, was einmal gedacht wurde. Insofern sind auch Karl Marx und Friedrich Nietzsche, Wladimir Iljitsch Lenin und Adolf Hitler nicht aus der Geschichte Europas zu eliminieren – auch wenn man sich das wünschen mag. Europa muss mit diesem Erbe leben, und es kann umso mehr damit leben, als es dieses Erbe bewältigt und überwunden hat. So wie der einzelne Mensch von Schicksalsschlägen, lebensgeschichtlichen Brüchen, eigenen Fehlern und Sünden gezeichnet sein kann, daran zerbrechen oder auch reifen kann, so kann auch Europa an seiner geschichtlichen Last zerbrechen oder reifen. Die Schattenseiten der eigenen Geschichte und Gegenwart zu verdrängen oder wider besseres Wissen zu leugnen, ist weder für den einzelnen noch für ein Volk oder eine Völkerfamilie gesund.

Die Geschichte zu kennen und als reale Größe zu akzeptieren ist deshalb der erste Schritt, um aus den Fehlern der Geschichte zu lernen und Fundamente einer besseren Zukunft zu legen. Ebenso notwendig ist es jedoch, sich die Breite und Vielfalt der europäischen Identität bewusst zu machen. So sehr Europa vom Christentum entscheidend geformt wurde, so existierten doch auch ein europäischer Islam und ein europäisches Judentum. Die weitgehende Zerstörung des in Europa heimischen Judentums hat diesen Kontinent ärmer gemacht und ihm böse Wunden zugefügt. Auch das Verhältnis zum europäischen Islam – wie er etwa auf dem

Balkan existiert – bedarf einer Klärung. Der Islam wird in religiösen wie säkularen Kreisen Mitteleuropas heute vielfach nur als Bedrohung und Gefahr wahrgenommen. Darüber wird oft vergessen, dass der Islam auch seinen Beitrag zur Gestaltung des Abendlandes geleistet hat. Mit gutem Grund nannte sich der kastilische König Alfonso VI. nach der Eroberung des islamischen Emirates von Toledo »Herrscher der drei Religionen«. Und in Bosnien-Herzegowina gab es bis in unsere Tage einen ausgesprochen toleranten, europäisch orientierten Islam, bis die westliche Ignoranz, Feigheit und Unfähigkeit während des serbischen Vernichtungsfeldzugs dem Einfluss der Saudis und der Iraner Tür und Tor öffneten. Hätten die Muslime dieses Raumes aus dem Westen rasche und angemessene Unterstützung erhalten, hätten sie sich nicht Hilfe suchend an Teheran oder Riad wenden müssen. Eine Klärung des europäischen Verhältnisses zum Islam ist nicht nur wegen der Nachbarschaften rund ums Mittelmeer unerlässlich, sondern auch wegen des wachsenden muslimischen Bevölkerungsanteils in Europa.

Doch nicht nur die Multireligiosität, sondern auch die Multikonfessionalität ist ein Merkmal europäischer Wirklichkeit. Dieser Erdteil kennt dezidiert katholisch, protestantisch oder orthodox geprägte Länder. Das Kiewer Höhlenkloster ist nicht weniger gesamteuropäisches Kulturerbe als die Lateranbasilika in Rom oder die Alhambra von Granada. Doch die größte »Glaubensgemeinschaft« in Europa stellen nicht Christentum, Judentum oder Islam, sondern der Unglaube. Die Säkularisierung unter Getauften wie Ungetauften ist nicht überall in Europa gleich weit, jedoch überall relativ weit fortgeschritten. Mit freiem Auge nicht erkennbar und im Alltag meist nicht wahrnehmbar breitet sich eine Gefahr aus, die weit bedrohlicher werden könnte als es der Islam für Europa jemals war: Eine totale Prinzipien- und Glaubenslosigkeit, die scheinbar pragmatisch und rational für alle weltanschaulichen Verführungen offen und dem Egoismus höchst zugeneigt ist. Die Zurückdrängung der Kirchen aus der Politik und anschließend mehr und mehr des Christentums aus dem gesellschaftlichen Leben sind nur die ersten Schritte zu einer Erschütterung der Werte- und Rechtsbasis Europas. Woher beziehen Normen und Regeln ihre ethische Verbindlichkeit? Woran kann sich das Gewissen des einzelnen noch orientieren? Was ist Gerechtigkeit, was Autorität? Auf welchen Idealen und mit welchen, über Machtfragen hinausgehenden Zielen lässt sich Politik noch definieren? Eine Antwort auf diese Fragen wird umso dringlicher, je schwieriger sie scheint.

Europas Identität kann nur in der Synthese liegen: Im Miteinander verschiedener Völker und Volksgruppen, die entschlossen sind, sich nicht länger gegeneinander ausspielen zu lassen; im Zusammenleben von Menschen unterschiedlichen Glaubens und verschiedener Herkunft und Sprache; im Bekenntnis zu den Höhen und Tiefen, den Wegen, Irrwegen und Umwegen der eigenen Geschichte. Doch eine Synthese, so weit und umfassend sie auch angelegt sein mag, kann nicht alles umfassen. Identität bedeutet immer auch Abgrenzung. Europa muss sich geographisch definieren und damit neben den faktischen auch künftige Außengrenzen festlegen. Es muss auch seine innere Ordnung, den notwendigen Wertekonsens, die verbindliche Rechtsordnung definieren. Europa kann kein Raum der Indifferenz, der Unverbindlichkeit, der Willkür und Beliebigkeit sein oder werden. Neben einer äußeren braucht es auch eine innere, neben der politischen und rechtlichen eine gesellschaftliche und geistige Ordnung.

Frieden, Freiheit, Recht: Bausteine einer Staatsidee

Richard Coudenhove-Kalergi gründete Anfang der zwanziger Jahre die Paneuropa-Bewegung, weil er nach der Tragik des Ersten Weltkriegs einen Zweiten Weltkrieg herannahen sah. Um diesen Krieg zu verhindern, propagierte er »Paneuropa« als wirtschaftlichen und politischen Zusammenschluss der europäischen Staaten – eine Friedensidee also. Und es war wiederum die Erfahrung des schrecklichen Völkermordens, des Zweiten Weltkriegs, die Männer wie Robert Schuman, Alcide de Gasperi, Konrad Adenauer und Charles de Gaulle drängte, die Einigung Europas zu beginnen, um künftige Bruderkriege unmöglich zu machen. Die Bedrohung des Friedens jedoch kam aus der Ideologie des Nationalismus. Der Nationalismus, die mythische Überhöhung der eigenen Nation als Sprach- oder Blutsgemeinschaft, führte Europa in seine tiefsten Katastrophen. Europäischer Patriotismus überwindet den Nationalismus, denn Europa ist die Heimat vieler Nationen.

Die Vielfalt an Völkern, Volksgruppen und Traditionen ist Europas Reichtum und sein Wesen. Indem Europa den Nationalismus überwindet und die Völker des Erdteils zu einer Gemeinschaft verbindet, stiftet es Frieden. Europa war von Anfang an eine Friedensidee. Franz Josef Strauß, dessen europäische Sicht oft unterschätzt wird, schrieb bereits 1968 in seinem Buch »Herausforderung und Antwort«: »Es gilt zu handeln für die Jugend Europas, der nicht mehr das Abenteuer des Krieges beschieden sein soll, wie in den beiden letzten Generationen, sondern das Abenteuer der Zukunft, auf das sie bei einem ständigen Beschleunigungsprozess der menschlichen Geschichte vorbereitet sein muss. Es gilt, eine neue Dimension zu erobern, die den wirklichen Lebensraum aller europäischen Nationen darstellt. Es gilt, ein Denken und eine Bewusstseinshaltung zu schaffen, aus denen heraus man begreift, dass wir nur dann Franzosen, Deutsche, Italiener, Engländer und was auch immer bleiben können, wenn wir wirklich und rechtzeitig Europäer werden ...«.

Damit verbunden ist das vereinte Europa aber auch eine Rechts-Idee, weil die Nationalstaaten – unabhängig davon, ob sie in ihrem Inneren eine Rechtsordnung darstellten oder nicht – untereinander nach dem »Recht des Stärkeren« handelten. Die zwischenstaatliche Ordnung Europas war jahrhundertelang nicht nach Recht und Gesetz geregelt, sondern nach bilateralen Verträgen, Macht und Durchsetzungsvermögen. An die Stelle dieser nationalstaatlichen Anarchie setzte die Europäische Gemeinschaft in sich steigerndem Ausmaß erstmals auch ein zwischen- und überstaatliches Recht, das sich als Zeichen zunehmender Staatswerdung Europas immer mehr verdichtete. Heute kann sich der Unionsbürger unter Berufung auf europäisches Recht auch gegen seinen Heimatstaat an den Europäischen Gerichtshof wenden. So wurde eine Rechtsgemeinschaft gegründet, die ihre Mitglieder schützt und zugleich bindet. Das bereits angesprochene Vorgehen der portugiesischen Ratspräsidentschaft gegen Österreich ab Januar und Februar 2000 war gerade deshalb diesen Prinzipien zuwiderlaufend, weil man sich weder an die formalen Strukturen der Union hielt noch auf eine europäische Rechtsgrundlage stützen konnte. Rein machtpolitisches Vorgehen jenseits der bestehenden europäischen Rechtsordnung ist dem europäischen Gedanken aber nicht angemessen, sondern fügt ihm Schaden zu. Europa ist nämlich auch die Idee einer Rechtsordnung.

Noch eine weitere Ideologie hat Europa besonders im 20. Jahrhundert bedroht und gequält: Die Ideologie der Gleichheit, die in der Gestalt des Sowjet-Kommunismus die Hälfte unseres Kontinentes über Jahrzehnte versklavte. Mit Blick auf die kommunistische Bedrohung Europas schrieb Coudenhove-Kalergi 1931: »Nur im Zeichen der Freiheit kann Europa erfolgreich der großen Bewegung begegnen, die es im Zeichen der Gleichheit bedroht.« Tatsächlich hat der Marxismus-Leninismus in diesem Jahrhundert über Millionen von Menschen Tod, Leid, Vernichtung und Vertreibung gebracht. Dem Pseudo-Ideal der Gleichheit, die es unter Menschen nicht gibt und nicht geben kann, konnte letztlich erfolgreich ein anderes Ideal entgegengehalten werden: Das Ideal der Freiheit, das sich in den Jahren 1989 bis 1991 in Mittel- und Osteuropa Bahn brach, weil die Menschen die Angst überwunden hatten. Über dieses Ideal sagt der Gründer der Paneuropa-Bewegung: »Die Geschichte des Abendlandes ist die Geschichte des menschlichen Ringens um persönliche Freiheit.«

Wenn Europa noch genug geistige Kraft hat, mehr zu sein als eine funktionale Technokratie, wenn es genügend moralische Kräfte hat, die Ideologien des Nationalismus und des Kommunismus über Bord zu werfen, dann können wir diesem erneuerten Europa ein dreifaches Ideal als Staatsidee anbieten: Frieden, Recht und Freiheit. Aber wer garantiert, dass Frieden, Recht und Freiheit nicht falsch verstanden und zum Unheil der Europäer gewendet werden? Wie leicht kann etwa das Recht missbraucht werden, wenn man in rechtspositivistischer Verblendung meint, es durch demokratische Mehrheitsentscheidungen einfach schaffen zu können. Das treffendste Beispiel dafür ist sicherlich das in den meisten europäischen Staaten demokratisch beschlossene und damit legalisierte geordnete Umbringen unschuldiger Menschen, der ungeborenen Kinder nämlich. Keine noch so große Mehrheit kann eine ungerechte Handlung zum Recht machen. Mehrheit kann Interessen und Vorlieben spiegeln, aber niemals Wahrheit konstituieren oder aus sich selbst heraus Recht setzen.

Wie leicht Frieden falsch verstanden werden kann, haben uns die Friedensbewegungen der dreißiger, der siebziger und der neunziger Jahre dieses Jahrhunderts bewiesen. Ihnen allen, auch jenen unseligen internationalen Verhandlern auf dem Balkan, wie Lord David Owen, Boutros Ghali oder Akashi, kann man mit den Worten entgegnen, die Winston Churchill einst seinem Widerpart Chamberlain im House of Commons entgegenschleuderte: »Sie glaubten, Sie hätten die Wahl zwischen Niedertracht und Krieg; so wählten Sie die Niedertracht und werden den Krieg ernten.« Der falsch verstandene Pazifismus war immer bereit, andere zu opfern: Chamberlains Pazifismus von 1938 opferte Österreich und die Tschechoslowakei den Expansionsgelüsten Adolf Hitlers, die Pazifisten der siebziger Jahre opferten die Hälfte Europas der kommunistischen Willkür-Herrschaft, der UN-Pazifismus der neunziger Jahre opferte Millionen Kroaten, Bosniaken und Kosovo-Albaner den serbischen Schlächtern von Milošević, Karadžić und Arkan.

Jeder Mensch hat tief in sich die Sehnsucht nach Frieden, Recht und Freiheit. Er will in Frieden und ohne Bedrohung leben, will gerecht behandelt werden und sich frei entfalten. Doch gerade wegen ihrer Verwurzelung in der Seele des Menschen sind diese Begriffe auch geeignet, Menschen zu verführen und auf Irrwege zu locken. Es ist auch hier, wie so oft, der Missbrauch des Besten das Schlechteste. Ist es nicht bezeichnend, dass der russische Dichter Wladimir Solowjew den Anti-Christ als Verfasser eines Buches beschreibt, dessen Titel lautet: »Der offene Weg zu Frieden und Wohlfahrt in der Welt«? Mit Honig, nicht mit Zitronen lockt man die Wespen an – mit schönen Worten, nicht mit abstoßenden, die Massen. Doch auch die Friedensapostel der Vereinten Nationen hatten nie die Civitas Dei, sondern nur eine »City of men« im Blick.

Wie leicht kann die Freiheit sich in ihr Gegenteil verkehren? Der Liberalismus des 19. Jahrhunderts träumte von der Autarkie des menschlichen Individuums, das in erster Linie frei ist. Und er hat tatsächlich weitestgehend alles über Bord geworfen, was für den Menschen

Bindung beinhalten und als Zwang mißverstanden werden konnte – die Metaphysik, die Religion, die gesellschaftlichen Tabus, die Familie, das gemeinsame moralische Fundament, auf dem die europäische Gesellschaft stand, die Verbindlichkeit beanspruchenden Werte. So entstand ein faktischer Pluralismus. Aber der radikale Individualismus provozierte den Kollektivismus, der Pluralismus neue Uniformität. Moden, Trends und Strömungen beherrschen die Gesellschaft. Wir haben auf die Frage nach der Wahrheit – als der eigentlich gemeinschaftsstiftenden Größe unter vernunftbegabten Wesen – verzichtet. »Wahrheit« ist nicht mehr das allen gleichermaßen Vorgegebene und allen verbindliche Maß. Sie wird, teilweise sogar von sich aufgeklärt wähnenden Theologen, zum Produkt des Menschen erklärt. Jeder wählt sich den Cocktail von Plausibilitäten, der ihm schmeckt. Der Verzicht auf die Wahrheit, das können wir nach der Erfahrung der letzten 200 Jahre gesichert sagen, macht aber nicht frei, sondern schafft neue Abhängigkeiten: von Idolen, Ideologien, Moden – und damit neue Uniformierungen. Die Freiheit als unbegrenzte Selbstbestimmung kann sich immer nur eine winzige selbsternannte Elite der Reichen und Mächtigen nehmen, zumeist auf Kosten des gesellschaftlichen Friedens oder des Rechtes. Weder eine pur aufklärerische Sicht des Menschen als eines sich selbst genügenden Individuums und die individualistische Ideologie, noch die als Gegenreaktion darauf entstandenen Kollektivismen haben den Menschen wirklich frei gemacht. Stattdessen tun sich neue Formen von Fremdbestimmung und Knechtschaft auf.

Wenn wir Frieden, Recht und Freiheit als die tragende Staatsidee des europäischen Gemeinwesens von morgen proklamieren, dann können wir dies nicht voraussetzungslos tun. Denn dann bestünde die Gefahr, dass Europa erneut zu einem Experimentierfeld jener Ideologien würde, die diesem Erdteil bereits unermesslichen Schaden zugefügt haben: die Ideologien des Nationalismus, des Sozialismus und des Liberalismus. Dass dies keine notorische Schwarzmalerei ist, bewies jüngst die Menschenrechtsdebatte im Europäischen Parlament. Zwar besteht offiziell heute weitgehend Konsens darüber, dass die Menschenrechte, wie das Wort schon sagt, Rechte jedes Menschen sind, dass sie unantastbar und unveräußerlich sind. Doch herrscht Verwirrung darüber, was Menschenrechte überhaupt sind.

Die USA, die seit einigen Jahren die Todesstrafe wieder forcieren, aber zugleich mit erhobenem Zeigefinger durch die Welt zu spazieren pflegen, haben da ihre eigenen Auffassungen. In Europa, wo man sich seit der Französischen Revolution an die friedliche Koexistenz von Menschenrechtsdeklarationen und Guillotinen gewöhnte, gilt mittlerweile: Was ein Menschenrecht ist, darüber befindet die Mehrheit. Die Mehrheit der gerade anwesenden Abgeordneten des Europäischen Parlamentes zum Beispiel, indem sie über abenteuerliche Berichte abstimmen. Der holländische Christdemokrat Arie Oostlander meinte in der Debatte vom März 2000 mit Recht, entscheidend sei, von welcher Philosophie man ausgeht. Er sehe die Menschheit als eine Familie, den Menschen als Geschöpf Gottes und Europa als eine Wertegemeinschaft. Daraufhin beeilte sich der deutsche Sozialdemokrat Martin Schulz zu betonen: »Die Europäische Union ist keine christliche Wertegemeinschaft.« Das Christentum trage zwar zur europäischen Wertegemeinschaft bei, aber das täten auch andere. Wen er damit meinte und wen ausdrücklich nicht, blieb verborgen. Wie wäre es etwa mit der Scientology-Sekte, die kürzlich in Schweden als »religiöse Gemeinschaft« anerkannt wurde und sich beim Europäischen Gerichtshof gegen vermeintliche Diskriminierungen in Frankreich durchsetzte?

Wir wollen niemandem Unrecht tun, doch muss man bei solch sensiblen Themen ganz genau nachfragen. Bei der liberalen britischen Baroness Sarah Ludford etwa, die in ihrem Bericht über »Rassismus und Fremdenfeindlichkeit in der Europäischen Union« zu behaupten wagte, »dass rassisch motivierte Vorurteile in Europa vielschichtig sind und auf einer Reihe von Faktoren einschließlich Religion, Kultur, ›nationalen‹ und ›patriotischen‹ Einstellungen und nicht nur auf der Hautfarbe allein beruhen«. Warum werden hier die Religionen in einem Bericht über Rassismus im Vorübergehen angerempelt? Welchen Stellenwert dürfen Religion, Nation und Kultur in den Augen der englischen Baroness, die die »Gleichberechtigung der Rassen« fordert, in Europa überhaupt noch haben? In ihrem Bericht heißt es, dass Europa »die Vorstellung einer weißen Kernkultur aufgeben und den Begriff ›Nation‹ so umdefinieren muss, dass damit die Gemeinschaft innerhalb der Gerichtsbarkeit des Staates gemeint ist«. Nun darf man schon fragen, ob die Ideologie einer »weißen Kernkultur« nicht eher eine Projektion ist, mit deren Hilfe handfeste politische Ziele in der Einwanderungspolitik verfolgt werden. Ob man den geschichtlich sicher zwiespältigen und vielschichtig-schillernden Begriff der Nation einfach per Parlamentsbeschluss umbiegen kann, ist zumindest fraglich. Nationen aber nur als Staatsnationen zu definieren – was uns in der Vergangenheit eine jugoslawische oder sowjetunionistische Nation beschert hätte – ist anachronistisch, und auf jeden Fall ein Bärendienst an den vielfach unterdrückten nationalen Minderheiten.

Der römische Christdemokrat Rocco Buttiglione sprach in dieser Debatte des Europaparlamentes für die Mehrheit seiner Fraktion, als er sagte, dass religiöse und nationale Identität an sich noch nichts mit Rassismus und Fremdenhass zu tun habe. Auch sei nicht jeder ein Rassist, der nicht für die unkontrollierte Einwanderung eintrete. Weiter muss man fragen (und die Christdemokraten taten dies), was die Forderung nach einem Wahlrecht für Nicht-EU-Bürger bei den Europawahlen oder die Aufweichung des Beamtenrechtes mit Fremdenfeindlichkeit zu tun haben soll. Oder warum sollen ethnische Minderheiten ausdrücklich ermutigt werden, ihr Wahlrecht wahrzunehmen? Der britische Labour-Abgeordnete Robert Evans warf der größten Fraktion, der christdemokratischen EVP, »klare rassistische Tendenzen« vor, nur weil diese gegen unkontrollierten Zuzug von Ausländern ist.

Ähnlich wie der Begriff Rassismus ideologisch okkupiert und parteipolitisch instrumentalisiert wurde, geschah es auch mit dem Wort Menschenrechte. In dem vom Europäischen Parlament verabschiedeten Menschenrechts-Bericht werden die Staaten aufgefordert, »Familien mit einem Elternteil, nichtverheirateten Paaren und gleichgeschlechtlichen Paaren gleiches Recht wie traditionellen Paaren und Familien zu gewähren, was insbesondere das Steuerrecht, die Vermögensregelung, die sozialen Rechte usw. anbelangt«. Sollte zu den »sozialen Rechten usw.« auch das Adoptionsrecht gehören, dürften homosexuelle Paare demnach Kinder adoptieren. Will man das wirklich? Und wozu eine steuerliche Begünstigung von gleichgeschlechtlichen Paaren? Erinnert sich niemand mehr daran, dass der Staat die sogenannten »traditionellen« Familien nicht deshalb schützt, weil diese Lebensform Gottes Wille entspricht, sondern weil sie das schlichte physische Überleben der Gesellschaft garantiert?

Welches Familien- und Gesellschaftsverständnis herrscht bei Abgeordneten, die auch die ungleichsten Lebensformen gleichstellen wollen, die »diskriminierende Bestimmungen bezüglich des Grenzalters für homosexuelle Beziehungen im Strafrecht« – also den Schutz der Jugendlichen und Kinder vor sexuellen Übergriffen Homosexueller – abzuschaffen fordern? Und warum wird alles das unter der Überschrift »Menschenrechte« gehandelt? Gibt es ein Menschenrecht des Homosexuellen, mit einem Minderjährigen sexuell zu verkehren? Oder ein Menschenrecht auf steuerliche Gleichstellung? Ist das Recht auf Teilnahme an Gemeinderats- und Europawahlen, das hier für Nicht-EU-Bürger gefordert wird, nicht eher eine Frage der Bürger- als der Menschenrechte? Über Menschenrechte wurde im Europaparlament viel, sehr viel, gesprochen. Es wäre an der Zeit, einmal den Begriff der Menschenrechte zu klären. Denn ohne eine saubere Begrifflichkeit ist es auch um den Gehalt der Menschenrechte in Europa schlecht bestellt.

Fundamente einer künftigen europäischen Staatsidee

Um die Staatsidee des künftigen Europa davor zu bewahren, unter dem Deckmantel wohlklingender Worte zur Tarnung eines menschenunwürdigen Systems missbrauchbar zu werden, muss sie auf das richtige Fundament gestellt werden, auf die Grundlage einer wahrheitsgemäßen Sicht von Mensch und Staat. Die Katastrophen des 20. Jahrhunderts gründen ja vornehmlich auf einem falschen Menschenbild, aus dem eine unmenschliche und menschenunwürdige Zuordnung von Mensch und Staat entwickelt wurde.

Der gemeinsame Grundirrtum der erwähnten Ideologien besteht darin, dass sie den Menschen für machbar, gestaltbar, beliebig veränderbar halten. Der Kulturwissenschaftler Gottfried Küenzlen schrieb mit Recht: »Der Neue Mensch wird für bestimmende Tendenzen der säkularen Geschichte der Moderne als durch gesellschaftliches Handeln herstellbar gedacht. Es ist insbesondere dieser Gedanke der Herstellbarkeit des Neuen Menschen, der seine neuzeitspezifischen Formen bestimmt und der die inhaltliche Differenz zu allen christlichen Auffassungen eines Neuen Menschen markiert, in denen ... das Neuwerden des Menschen der menschlichen Verfügbarkeit entzogen ist.« Christlicher Glaube weiß im Gegensatz zu vielen Varianten modernen Fortschrittsglaubens darum, dass der

Mensch das am wenigsten wandelbare Element der Weltgeschichte ist.

Der Mensch muss nicht neu erfunden werden, er hat nur das Menschliche seines Menschseins freizulegen. Den Bewunderern der von ihm geschaffenen Pietà erklärte der große Renaissance-Bildhauer Michelangelo, man müsse nur einen Stein finden, in dem so etwas verborgen sei. Die christliche Botschaft tut dies mit dem Menschen; er soll nicht ein anderer werden, sondern sein wahres Menschsein freilegen, indem er den Ballast der Sünde und Gottferne abwirft. Nun ist es aber die Aufgabe der Kirche, nicht die des Staates, den Menschen zum ewigen Heil zu führen. Die Pflicht des Staates ist es jedoch, die Rahmenbedingungen für eine freie Entfaltung des irdischen Menschen zu organisieren und zu garantieren. Dies setzt die Erkenntnis voraus, dass der Staat für den Menschen da ist, nicht der Mensch für den Staat. Der freie, sich entfaltende Mensch ist das Ziel politischen Handelns, nicht ein Staat, eine Rasse, eine Klasse.

Es ist kein Zufall, dass alle Regime, die im 20. Jahrhundert die Menschenrechte mit Füßen getreten haben, dies auf dem Hintergrund von Ideologien taten, die den Menschen einem Staat – als Vertreter und Vollstrecker einer Klasse, einer Rasse oder Nation – untergeordnet haben. Bereits bevor dieses Jahrhundert der ideologischen Grausamkeiten begann, wurden die Gefahren von kirchlicher Seite beim Namen genannt. So schrieb Papst Leo XIII. im Jahr 1888: »Wenn es keine transzendente Wahrheit gibt, in deren Gefolge der Mensch zu seiner vollen Identität gelangt, gibt es kein sicheres Prinzip, das gerechte Beziehungen zwischen den Menschen gewährleistet ... Die Wurzel des modernen Totalitarismus liegt darum in der Verneinung der transzendenten Würde des Menschen, der sichtbares Abbild des unsichtbaren Gottes ist. Eben deshalb, aufgrund seiner Natur, ist er Träger von Rechten, die niemand verletzen darf: weder der Einzelne, noch die Gruppe, die Klasse, die Nation oder der Staat.« Was Kommmunismus, National-Sozialismus und andere Greuellehren an Verbrechen begingen, ist der Hintergrund für die Aussage, die Papst Johannes Paul II. bei der Seligsprechung von Pater Rupert Mayer 1987 machte: »Gottesrechte und Menschenrechte stehen und fallen miteinander.« Anders formuliert: Nur der Staat, der Gott Gott sein lässt, lässt auch den Menschen Mensch sein. Der Staat, der die Klasse, die Rasse oder Nation zum Götzen macht, wird zwangsläufig unmenschlich.

Was ist aber nun das spezifisch christliche Staatsverständnis, welchen Ort weist der Christ dem Staat zu? Der Evangelist Matthäus berichtet, dass Jünger der Pharisäer und Anhänger des Herodes zu Jesus kamen und ihm die Frage stellten, ob es nach seiner Meinung erlaubt sei, dem Kaiser Steuern zu zahlen. Im jüdischen Volk gab es die Erwartung des Messias als eines politischen Heilbringers, der sein Volk befreien und das Reich des Königs David wieder aufrichten würde. Hätte sich Jesus nun für das Zahlen der kaiserlichen Steuer ausgesprochen, dann wäre die Hoffnung geschwunden, dass er der Befreier seines Volkes sein würde. Hätte er sich dagegen ausgesprochen, dann wäre er in den Augen der Anhänger des Herodes ein Feind der bestehenden politischen Ordnung gewesen, ein Revolutionär gegen den Kaiser und römisches Besatzungsrecht. Anders formuliert hätte die Frage an ihn auch lauten können: Wer hat nun recht, die heidnischen Staatsvergötterer oder die Zeloten, die den Staat der Tempelpriesterschaft ausliefern? Jesus gibt ihnen eine Antwort, von der der Evangelist sagt, dass sie die Fragesteller überraschte: »So gebt dem Kaiser, was dem Kaiser gehört und Gott, was Gott gehört!« (Matthäus 22,21). Diese für uns gar nicht mehr sensationelle Antwort widerspricht einer falschen messianischen Erwartung. Jesus sagt damit, dass er kein politischer Befreier, kein innerweltlicher Revolutionär ist.

Die Antwort Jesu stellt aber für den alten Orient und die antike Welt ein politiktheoretisches Novum dar: Jesus rechtfertigt damit nicht einfach, dass gläubige Juden dem aus ihrer Sicht heidnischen Kaiser in Rom Abgaben entrichten, sondern er trennt die politische Autorität vom religiösen Anspruch. Weder das damalige Judentum mit seiner theokratischen Ausrichtung, noch seine Nachbarn im Orient, noch das Imperium Romanum kannten die Trennung von Staat und Religion. In allen diesen Staaten war entweder der Herrscher ein Stellvertreter für einen Gott, der eigentlich regieren sollte, so dass Politik unter den Vorgaben der religiösen Anschauungen stand, oder der Staat instrumentalisierte umgekehrt die Religion zu politischen Zwecken. Die Verehrung der Götter im römischen Reich hatte nichts mit persönlicher Frömmigkeit oder Glauben zu tun, sondern war staatsbürgerliche Pflicht, die verrichtet werden musste, damit die Götter dem Staat gewogen blieben. Eine wesentliche Ursache für die Christenverfolgung im römischen Reich liegt darin begründet: Die Christen konnten sich nicht damit zufrieden geben, dass Christus als eine weitere Gottheit ins römische Pantheon aufgenommen würde, und sie konnten dem römischen Kaiser den geschuldeten Kult nicht leisten. Sie waren bereit, als loyale Staatsbürger dem Kaiser zu geben, was des Kaisers ist. Aber eben nicht mehr: Was Gottes ist, kann man als Christ nur Gott geben. Der Staat ist nicht mehr das »Totum«, er kann für Christen nicht das Ganze der menschlichen Existenz und nicht das Absolute des menschlichen Hoffens sein. Kardinal Joseph Ratzinger beschreibt dies in einem seiner Bücher so: »So ist es der erste Dienst des christlichen Glaubens an der Politik, dass er den Menschen von der Irrationalität der politischen Mythen befreit, die die eigentliche Bedrohung unserer Zeit sind.«

Jesus befreit mit seiner Antwort den Menschen vom Totalitätsanspruch des Staates, der Politik und aller diesseitigen Größen. Er befreit aber gleichzeitig auch den Staat von der Irrationalität des Numinosen, des Mythischen. Er widerspricht der dauernden Versuchung des Staates, sich auf Überirdisches zu berufen – sogar Hitler berief sich auf die »Vorsehung«! – und Religion für politische Zwecke zu missbrauchen. Er widerspricht der immer wiederkehrenden Versuchung, einen Paradies-Staat, ein Reich Gottes auf Erden zu errichten. Die Auseinandersetzungen der römischen Glaubenskongregation mit der lateinamerikanischen Befreiungstheologie Mitte der achtziger Jahre hatten übrigens mehr mit dieser Frage als mit der schwärmerisch-naiven Karl-

Marx-Lektüre einiger Theologen zu tun. Wenn der Jesuit und Dichter Ernesto Cardenal, der sich trotz seines Priesteramtes in die sandinistische Regierung Nicaraguas aufnehmen ließ, von einer »Welt des vollkommenen Kommunismus – das heißt das Reich Gottes auf Erden, was für mich dasselbe ist« fabuliert, dann hört sich für Rom der Spaß auf. Die Annahme, Klassenkampf und Revolution könnten ein Reich Gottes auf Erden herstellen und einen neuen, nur guten Menschen produzieren, ist dem Maoismus näher als dem Christentum. Deshalb ist es auch kein Zufall, dass ein Ernesto Cardenal über die Revolution Fidel Castros auf Kuba so urteilte: »Danach reiste ich nach Kuba, und dort sah ich, dass die kubanische Revolution Liebe zum Nächsten war, das Evangelium umgesetzt in die Praxis, wirksame christliche Liebe.«

Konsequenter als der einstige Priester-Minister Cardenal waren »Befreiungstheologen« wie Camilo Torres, der von einer Revolution träumte, die die Nächstenliebe zum verbindlichen Gesetz machen würde. Torres schloss sich dem bewaffneten Kampf an und fiel in einem Schusswechsel. Aber auch der von westlichen Theologen zeitweise geradezu ehrfürchtig angehimmelte Gustavo Gutierrez meinte: »Es geht um einen neuen Menschen, den zu schaffen uns aufgegeben ist.« Und wie soll das gehen? Gutierrez: »Die Schaffung einer gerechten Gesellschaft ist nur über den Weg der Auseinandersetzung zwischen menschlichen Gruppen mit entgegengesetzten Interessen und Meinungen möglich, wobei in einer derartigen Konfrontation Gewalt in den verschiedensten Formen anwesend ist.« Die Machbarkeit des neuen (nur guten) Menschen durch Klassenkampf und Revolution – diese Sicht ist nicht weniger menschenverachtend als die kapitalistische, die den Menschen nur als Käufer und Konsument, als Produzent, Händler oder ausbeutbaren Arbeiter sieht. Aber sie hat vermutlich noch mehr Leid über die Welt gebracht. Die vom Evangelisten Matthäus überlieferte Antwort Jesu an die Pharisäer ist dagegen die Absage an eine totale Politisierung wie an die Kommerzialisierung des Menschen und gleichzeitig die Absage an eine Sakralisierung des Politischen oder Wirtschaftlichen. Weder Politik noch Markt können dem Menschen alles geben und alles bedeuten.

Doch was hat das mit den Herausforderungen zu tun, die Europa in den kommenden Jahren und Jahrzehnten bevorstehen? Zitieren wir noch einmal Kardinal Ratzinger: »Wo aber der christliche Glaube, der Glaube an die größere Hoffnung des Menschen zerfällt, da steht der Mythos vom göttlichen Staat wieder auf, weil der Mensch auf die Totalität der Hoffnung nicht verzichten kann.« Es ist kein Zufall, dass die Verdrängung des Christentums aus der Politik mit den Guillotinen der Französischen Revolution begann und zu den Gulags der Kommunisten und den Konzentrationslagern der Nationalsozialisten führte. Der Staat, der Gott nicht mehr gibt, was Gottes ist, verachtet auch die Rechte des Menschen.

Die Freiheit des Menschen von der Zwangsherrschaft des totalen Staates war nie in der Geschichte eine Selbstverständlichkeit. Sie ist die Frucht eines mühsamen Ringens und ein stets gefährdetes Gleichgewicht.

Dieses Gleichgewicht müssen wir stets aufs Neue wiederfinden, wenn wir ein Europa bauen wollen, in dem das Recht als Orientierung an wahrer Gerechtigkeit verstanden wird, in dem wahre menschliche Freiheit und wirklicher Friede herrschen. Um einen gerechten, freiheitlichen und friedvollen Staat Europa zu bauen, bedarf es der Besinnung auf das christliche Menschenbild und auf christliches Ethos. Denn nur das Christentum gewährleistet eine Sicht, die Richard Coudenhove-Kalergi in die zeitlose Formel gekleidet hat: »Der Mensch ist ein Geschöpf Gottes. Der Staat ist ein Geschöpf des Menschen. Darum ist der Staat um des Menschen willen da – und nicht der Mensch um des Staates willen.« Nur eine solche Fundierung kann auch in der Zukunft garantieren, dass der europäische Staat von morgen – weder dämonisiert noch glorifiziert – den Menschen in Europa ein liebenswertes Vaterland sein kann.

Register